QUANDO DEUS TE CONVIDA A PERDER

Para ganhar o que realmente importa

ELLEM POSSMOZER

UPBOOKS
[Casa Publicadora
Bereana Ltda]

www.upbooks.com.br
contato@upbooks.net.br

Editor Chefe:	Eneas Francisco
Editor:	Carla Montebeler
Revisão:	Bianca B. Fauro
Capa:	César Franca

Dados Internacionais de Catalogação na Publicação (CIP)
(eDOC BRASIL, Belo Horizonte/MG)

Possmozer, Ellem, 1983-
P856q   Quando Deus te convida a perder / Ellem Possmozer. – Lavras, SP: Upbooks, 2020.
    204 p. : 14 x 21 cm

    ISBN 978 65 991215 8 5

    1. Bíblia – Crítica e interpretação. 2. Deus. 3. Vida cristã. I. Título.

                                 CDD 249.5

Elaborado por Mauricio Amormino Júnior – CRB6/2422

ELLEM POSSMOZER

QUANDO DEUS TE CONVIDA A PERDER

Para ganhar o que realmente importa

upbooks

1ª Edição
Itapira/SP
2020

Não pare quando Ele te mover.

Não recue quando Ele te mover.

Não desista quando Ele te mover.

Somente se entregue, se renda.

Ele sabe o que está fazendo.

SUMÁRIO

DEDICATÓRIA

Dedico esse livro à minha mãe – minha maior incentivadora e intercessora. Lembro-me bem de uma palavra profética que recebi em uma conferência quando ainda era adolescente. Nessa ocasião, o pastor palestrante se voltou para mim e perguntou onde estava minha mãe. Nesse instante ela subiu ao púlpito, onde eu estava ministrando, e o pastor disse a ela: "você tem um grande desejo de trabalhar para o reino de Deus, mas o tempo está passando e você sente que gostaria de fazer mais", e ele apontou pra mim e disse pra minha mãe: "olha aqui quem vai fazer". Naquele momento eu entendi que a conexão que tinha com minha mãe ia além de uma conexão de sangue; era uma conexão para o reino de Deus.

Mãe, todas as mensagens que você gostaria de pregar, todos os livros que você gostaria de escrever e todos os lugares que você gostaria de ir, eu pregarei, escreverei e irei. Como Rute disse para Noemi, eu digo para você:

O teu povo é o meu povo, o Teu Deus é o meu Deus.

Como sou grata por seus ensinamentos e intercessões pela minha vida. Ver você se dedicando à obra de Deus me levou a fazer o mesmo. Seu exemplo foi minha inspiração. Te amo!

PREFÁCIO

Não me recordo de ter lido um livro em que o pronome "eu" fosse tão explícito. Nunca vi um autor falar tanto do eu quanto a autora desta obra. Mas o eu dela está longe de ser o eu da prepotência e do orgulho.

O eu dela é o eu da confissão, da rendição, e do recomeço. É o testemunho vivo de quem se rendeu ao propósito de vida para o qual havia sido criada. Este eu da querida Ellem Possmozer é o eu de quem aceitou o convite de Deus para perder. Este eu deve ser celebrado porque é o eu da autodivulgação de quem foi curada e transformada para experimentar o melhor da vida. Este eu deve ser celebrado porque é o eu de quem sofreu com seus próprios erros, decisões e traumas, mas que jamais desistiu de si mesma até que alcançasse a restauração daquilo que foi escolhida por Deus para ser. É o eu de quem precisou perder muito para conquistar o nunca havia experimentado. Por que celebrar este eu? Porque este eu é nossa realidade comum!

Conheço a autora desde sua adolescência, e pude participar de algumas de suas alegrias e também de suas tristezas. Sei um pouco do duro caminho que teve que percorrer até poder viver o que vive hoje, mas não careço ir além disso, porque, como disse, ela fez muito bem o papel de expor aqui neste livro a sua própria história, ainda que não em detalhes, que são desnecessários.

O livro é um convite "estranho", pois convida ao leitor a perder! Mas, afinal, quem quer aceitar este tipo de convite? Aqueles que querem viver a plenitude de tudo o que Deus tem para eles. Aqueles que querem alcançar um nível de humanidade sublime, o qual não pode ser alcançado quando se pensa somente em ganhar! Aqueles que nasceram de novo, e sabem que o Evangelho de Jesus faz o seguinte convite: "Aquele que quiser ganhar a sua vida terá que perdê-la".

Ellem fez um ótimo trabalho nas citações de autores renomados, e dos textos bíblicos que escolheu. Várias ilustrações inspiradoras, canções de autoria própria, e muita organização dos assuntos.

Desde o início do livro está claro que a autora sabe onde quer levar os seus leitores, e o propósito para o qual os quer exatamente naquele lugar.

Ao navegar pelas páginas deste testemunho aprendi que o pragmatismo tão vigente e celebrado no mundo moderno é pernicioso para o desenvolvimento saudável do ser humano.

É nítido neste livro que a necessidade de aparecer na visão correta da autora nos esconde de nós mesmos, nos torna estranhos ao céu.

Para a autora, a quebra de um processo anula os melhores resultados e atrofiam as chances de progresso despoluído. Estou cem por cento de acordo com ela, e gostaria de deixar aqui uma frase que escrevi há muitos anos que retrata bem essa ideia: "Se tudo na vida depende de um processo que depende do tempo, por que não procuramos entender o tempo no processo da vida?"

Aprendi que a vontade de Deus não é um destino, mas um lugar. Aprendi que a minha origem é o que define a minha trajetória, e não as circunstâncias ou problemas.

Aprendi que a ocupação não justifica a perda da liberdade de viver a vida em sua totalidade. Aprendi que o Deus que dá o propósito para a nossa existência é o mesmo que traça o caminho que devemos andar. Aprendi que a dor é uma didática usada pelo céu para impedir a morte do eu criado por Deus. Aprendi que a coragem para perder o que todos querem me ajuda a conquistar o que poucos conquistam. Aprendi que os princípios expurgam o domínio das emoções, nos livrando de viver uma história sem razão. Aprendi que o amor de Deus é baseado na escolha que Ele fez por nós, e não em meu estado ou condição atual. Aprendi que o anonimato é esconderijo dos heróis da fé, e o lugar onde somos mais conhecidos por Deus. Aprendi que a visão tem quer ser pessoal tanto quanto o seu propósito é. Aprendi que a rendição a Deus dá mais frutos do que qualquer nome grande perante os homens pode lhe proporcionar. Aprendi que aceitar o convite para perder é a maior conquista que posso ter!

Muito tem a ganhar aqueles que aplicarem em suas vidas as questões práticas deste livro. Edificante, espiritual, e direto ao assunto!

Honrado em participar desta sua primeira obra, minha querida Ellem. E, além disso, fui alimentado através de tudo o que li aqui.

Parabéns!

Wellington Oliveira

INTRODUÇÃO

Todas as vezes que você estiver
em uma posição bem confortável, Deus vai te mover.
Todas as vezes que você estiver fazendo algo e não estiver
se lembrando mais o motivo pelo qual está fazendo,
Deus vai te mover.
Todas as vezes que o serviço for
mais importante que o relacionamento, Deus vai te mover.
Quando você estiver fazendo algo no automático,
Deus vai te mover.
Quando você estiver achando que pode fazer algo
por suas próprias forças, Deus vai te mover.
Se você estiver acostumado
com os mesmos resultados, Deus vai te mover.
Quando você tiver perdido o temor, Deus vai te mover.
Quando você não estiver mais orando e se consagrando,
Deus vai te mover.
Quando a fama e a popularidade forem mais importantes,
Deus vai te mover.
Quando as canções não estiverem mais
falando do nome de Jesus, Deus vai te mover.
Quando a música substituir a adoração, Deus vai te mover.

Ele te move porque Ele continua interessado em você.
Ele te move porque sabe que, se Ele não te mover,
você não vai evoluir.
Ele te move porque te ama e tem planos com você.
Ele te move porque te conhece, conhece seu coração,
e sabe quando você está longe dEle.
Ele te move porque sabe do seu potencial
e sabe do que você é capaz.
Ele te move porque acredita em você
e sabe que você pode ir além.
Ele te move porque sabe que você o ama,
e seu desejo é agradá-lo.
Ele te move porque te fez uma promessa e vai cumprir.
Ele te move porque te fez um chamado
e tem um propósito pra você cumprir.
Ele te move porque te criou e planejou todos os seus dias.

Não pare quando Ele te mover.
Não recue quando Ele te mover.
Não desista quando Ele te mover.
Somente se entregue, se renda.
Ele sabe o que está fazendo.

Capítulo 1

O PERIGO DA OCUPAÇÃO

*"Pois Deus não nos deu espírito de covardia,
mas de poder, de amor e de equilíbrio".*
II Timóteo 1:7

Tinha dias em que queria muito arrumar uma ocupação, pois eu associava isso ao meu bem estar. Eu precisava fazer para me sentir aceita, e bem comigo mesma, isso me dava prazer, me trazia uma aparente alegria.

Não quero dizer com isso que se ocupar é errado e que não devemos estar ocupados com algo; mas, antes de nos ocuparmos, precisamos saber o porquê dessa ocupação, e se essa ocupação vai nos ajudar ou destruir.

No meu caso, a ocupação estava me destruindo, pois meu coração não estava curado, não estava pronto.

Esse é o grande perigo da ocupação, pois ele pode ser destrutivo. Ele pode destruir você, sua casa, seus filhos e seu próprio ministério, o qual você usava para estar ocupado.

O que queremos é o resultado, mas não queremos falar do que precisamos fazer certo para obter resultados. Queremos o prêmio, mas não queremos o processo. Seria ótimo se pudéssemos chegar ao fim, sem passar pelo início e pelo meio. Só que, se pularmos a fase do processo, estaremos estagnados, não cresceremos, não mudaremos, seremos as mesmas pessoas.

Queremos muito estar felizes, realizados, fazermos as conexões certas, mas não queremos lidar com o que nos impede de termos tudo isso.

Tratar o que nos impede de vivermos uma plena é que dará sentido à conclusão desse processo.

Eu pensava que tudo o que eu tinha era o ministério, mas mal sabia que o ministério estava me mantendo refém do meu próprio destino.

OCUPAÇÃO QUE SUBSTITUI INADEQUAÇÃO

Hoje em dia vivemos em um mundo que precisamos estar extremamente ocupados. Quando nos ocupamos muito com algo, por vezes estamos inconscientemente nos escondendo. Existe uma frase que diz: Todo extremo esconde uma falta. E isso é real até na nossa rotina diária. Todas as vezes que fazemos muito de algo é porque não temos equilíbrio nem conhecimento em outras áreas e preferimos nos esconder por de trás de um serviço a reconhecer que não sabemos ou que não estamos prontos para lidar com a ausência da outra área.

Nos atendimentos que faço com pais vejo que muitos deles se escondem no trabalho demasiado e não tiram tempo de qualidade para seus filhos por não saberem como agir ou como dar aos filhos a atenção que eles precisam. E, ao invés de verbalizar essa falta e praticar a mudança, eles preferem cobrir a ausência com estar atarefado o tempo todo e dizer que isso é amor, pois eles estão trabalhando para prover o que os filhos precisam, quando a real necessidade dos filhos é que os pais estejam presentes e tenham equilíbrio.

Estamos tão ocupados que fazemos coisas que até nos anestesiam da realidade. Estamos nos entorpecendo de afazeres, de responsabilidades, de hábitos destrutivos, que estão nos levando a viver no automático. E essa vida no automático nos faz viver sem apreciar a família que temos, os filhos que temos, as oportunidades que temos de ser felizes e desfrutar do presente.

Uma vida ocupada demais nos cega e nos priva de celebrar os dias em que vivemos. Estamos vivendo sem sorrir, sem cantar, sem curtir a vida. E inseridos nessa vida estão nossos filhos que estão crescendo tão rápido sem serem celebrados. É como se estivéssemos apertando o botão de "fast-forward" enquanto deveríamos estar apertando o "pause" para desfrutarmos do presente.

Escondemo-nos na ocupação também porque nos sentimos inadequados para realizar coisas que deveríamos saber e não conseguimos, porque não aprendemos ou porque sofremos algum tipo de trauma na área de inadequação. Seja essa inadequação pessoal, familiar, emocional, financeira, mental ou profissional. Quando nos sentimos inadequados em alguma área, queremos nos ocupar ao extremo com algo que sabemos fazer melhor para que não tenhamos tempo e nem disposição para melhorar nas áreas de inadequação.

OCUPAÇÃO DEMASIADA QUE TRAZ ANSIEDADE

O maior perigo da ocupação demasiada é que o resultado é ansiedade. Ansiedade pode ser entendida como uma expectativa de uma futura ameaça. É um sentimento de preocupação e inquietação, e também pode ser vista como um excesso de pensamentos sobre o futuro, onde a pessoa tem dificuldade de viver no presente tempo em que ela está, e está sempre com o pensamento acelerado em relação ao que pode chegar a acontecer.

Quem vive ocupado demais também vive ansioso demais. Pois quem está muito ocupado não aprender a descansar e viver o hoje, viver o tempo real. Ao contrário do que vemos hoje, não podemos viver muito ocupados, mas precisamos viver intencionados no que fazemos, que quer dizer dar o devido valor e atenção para o que temos hoje. Se temos uma família, precisamos ser intencionais com a família. Se temos filhos, precisamos ser intencionais com os filhos. Se temos um ministério, precisamos ser intencionais no ministério. Se temos tempo livre, precisamos ser intencionais no tempo livre. Em tudo precisamos ter equilíbrio, para que não nos ocupemos tanto com uma área e deixemos em falta outras.

OCUPAÇÃO NOS IMPEDE DE DESCANSAR

Eu me sentia inadequada para descansar; não conseguia parar, respirar, tirar um tempo livre, desacelerar. Eu tinha necessidade de estar sempre muito ocupada, pois assim estaria me escondendo no trabalho ministerial para que então pudesse alegar que não tinha tempo para descansar - quando na verdade eu tinha tempo, mas não sabia descansar. E, por não saber e não querer saber, eu mantinha uma ocupação absurda e extrema, e nessa ocupação eu estava escondendo uma falta.

No que você está se escondendo? Seria no trabalho em excesso? Seria em algum vício? Em algum comportamento abusivo? É necessário fazer uma avaliação e identificar a causa do problema para que então você saiba por onde começar a se libertar. Você não precisa se embebedar para começar a ter um vício, basta ter algo no qual você vai se ocupar em excesso para que tenha um vício.

O descanso é tão importante quanto o serviço, pois os dois fazem parte da nossa vida. Os dois precisam andar em harmonia. Você não pode trabalhar muito e não descansar. Como você também não pode só descansar e não trabalhar. Tudo o que anda em desequilíbrio sofre um dano. Se o seu corpo não receber o descanso que precisa, ele se esgotará e você ficará estressado; e se você não se move, não sai do lugar, e fica sempre esperando pelos outros, você não vai conquistar e logo irá se frustrar.

A questão é achar o equilíbrio entre o trabalho e o descanso. Eu não tinha esse equilíbrio, eu achava que precisava estar sempre ocupada e atarefada com algo, não sabia descansar, parar, respirar; e aprender a fazer isso foi um dos propósitos desse processo de perdas.

O senhor me ensinou a me acalmar, a descansar, a respirar, e entender que no descanso também existe propósito, que também existe uma colheita no descanso. Você não colhe só quando está plantando, você colhe quando está descansando. Quem planta não vê o fruto logo após, ele precisa esperar o tempo para ver o fruto. Eu entendi isso, e aprendi que também existe propósito no descanso.

A Palavra de Deus nos fala o seguinte:

"Melhor é uma mão cheia com descanso do que ambas as mãos cheias com trabalho e aflição de espírito."
(Eclesiastes 4:6).

No muito fazer nosso espírito fica aflito, nosso corpo fica cansado e nossa mente desiquilibrada. Que Ele nos ensine a descansar.

OCUPAÇÃO NOS TRAZ PREOCUPAÇÃO

A ocupação também leva a uma preocupação incessante; você se preocupa com algo que ainda não aconteceu e até chega a pensar que algo ruim vai acontecer. E essa preocupação incessante leva a ansiedade. Quem é demasiadamente ocupado lida com a vergonha e o medo de ser vulnerável porque, para ser vulnerável, é necessário ter coragem; coragem de sermos vistos como realmente somos, coragem de sermos vistos como imperfeitos, coragem de sermos vistos com alguma debilidade ou fragilidade.

Essa falta de coragem nos leva a nos esconder em algum trabalho no qual dedicaremos todo nosso tempo, até não termos tempo para mais nada. Nisso, Deus não está. Na ocupação que destrói, que corrompe, que adoece, e que nos leva a viver de aparências, Deus não está.

Deus não nos quer ocupados, Ele nos quer praticando o equilíbrio, vivendo o nosso ministério com sabedoria e entendimento de até onde podemos ir, até onde é saudável e verdadeiro.

OCUPAÇÃO QUE SE TRADUZ EM COVARDIA

Quem muito se ocupa é covarde. É covarde porque prefere viver ocupado do que encarar a realidade de que precisa melhorar na sua área de debilidade.

No que adianta muito se ocupar no ministério e se acovardar em casa? Provérbios 16:32 diz: *"Melhor é o homem paciente do que o guerreiro, mais vale controlar o seu espírito do que conquistar uma cidade"*.

Melhor é que você consiga dominar a si mesmo e andar em equilíbrio do que "ganhar" almas e alegar que está trabalhando para Deus. O seu testemunho e postura de equilíbrio terá mais valor do que sua ocupação vinda de uma mente covarde e fraca.

Outra coisa que a ocupação faz com a gente é nos enfraquecer, pois alguém muito ocupado logo se debilita em alguma área e se torna uma presa fácil para os prazeres da carne. Sabe, quando estamos com muita fome e chega naquele ponto que qualquer comida serve, qualquer *fast food* serve? Então, é disso que estou falando. Muita ocupação nos leva a escolhas erradas, escolhas baratas, escolhas fáceis, e isso nos traz consequências negativas. Precisamos entender que o cansaço não só afeta nossa saúde emocional, mental ou espiritual, mas também as escolhas que fazemos dentro do ministério onde estamos atuando.

Ministros cansados fazem escolhas erradas, fazem escolhas carnais, automáticas, e sem a direção de Deus. Isso não só coloca o nosso ministério em risco, mas também todos que os que estão debaixo de nossa liderança. Quando estamos cansados, todos estão caminhando debaixo do mesmo cansaço, e colhendo o fruto desse cansaço. Ou melhor, não estão colhendo absolutamente nada, pois quando estamos cansados não plantamos, não produzimos, e não colhemos; somente achamos que estamos sendo frutíferos, mas não.

Por isso, é tão importante descansarmos e pararmos para avaliar como as coisas estão. Mas isso requer entender que ocupação é mera covardia. Covardia em não querer enxergar a verdade, e viver no automático, porque o automático é mais fácil; pois como a palavra mesmo diz por si só, o que é automático não requer esforço algum, já deixou de ser essência e virou algo repetitivo, sem alma, sem verdade, sem paixão e sem Deus.

OCUPAÇÃO QUE SE TRADUZ EM ACEITAÇÃO

Por vezes, nos atolamos em ocupações para sermos aceitos. Essa é a grande verdade.

Eu achava que ser aceita era ser vista, ser elogiada, ser bajulada. Isso me fazia sentir bem, isso me fazia sentir importante. Eu precisava fazer para me sentir importante. Eu precisava me ocupar pra me dar valor.

Quando deixei de ser vista em público, passei por um processo de muita dor e muito questionamento, a dor era como se eu estivesse morrendo, como se tivesse deixado de viver. Era uma angústia tão profunda, que não conseguia mais me relacionar, queria me esconder, queria desaparecer, para não ter que lidar com a dor que aquilo me causava.

Passei varias horas olhando para o nada, tentando entender porque tive que largar tudo para me esconder, e me isolar. Esse isolamento me levou a passar várias horas olhando para dentro e vendo quem eu realmente era.

Eu não olhava para as pessoas pelo que elas são, eu as via como pessoas feitas para um serviço, para algum tipo de trabalho. E cobrava delas um resultado, exigia um posicionamento, esperava um lucro.

E, assim como eu cobrava das pessoas, eu cobrava de mim mesma. Pois eu agia assim comigo mesma, eu queria ser perfeita em tudo, e isso eu cobrava de pessoas também, pois assim eu me via.

Por ter minhas emoções doentes, eu automaticamente adoecia outros também com as minhas cobranças.

Eu não era feliz, eu não conseguia atribuir felicidades a pessoas, mas sim a coisas. Não conseguia entender que a felicidade não está em resultados, mas em uma decisão de ser grato pelo que já tenho.

Eu não conseguia apreciar as pessoas por muito tempo, sem começar a criticá-las ou julgá-las por algum defeito que eu atribuía a elas pelo meu ponto de vista, e a partir da minha dor, das minhas emoções não resolvidas.

Eu precisava que tudo fosse do meu jeito, no meu tempo, e tudo precisava ser bem organizado, sem defeitos, sem surpresas. Eu tinha uma necessidade de perfeccionismo enorme que me mantinha em um lugar distante das pessoas. Muitas foram as vezes em que pessoas me diziam que tinham medo de chegar até mim, pois eu parecia muito difícil, muito séria e muito antipática.

Eu obviamente pensava que as pessoas estavam loucas em dizer aquilo, pois eu não me via assim; muito pelo contrário, achar ser boa até demais para as pessoas.

Mas nada melhor que ter um *feedback* honesto de alguém, isso pode lhe ajudar muito, pois quem está a sua volta é quem realmente sabe quem você é e como você está se comportando.

Lembro-me que, uma vez, uma pessoa me disse que com o comportamento que estava tendo eu afastava as pessoas e me mantinha em um lugar solitário, que para ter amigos e pessoas à minha volta eu precisaria ouvir mais, ceder mais, reconhecer mais, sorrir mais, ser mais amiga, mais companheira das pessoas; e eu pensava que isso seria muito difícil pra mim, pelo meu jeito de ser.

Penso que o maior tratamento pelo qual alguém pode passar é não ter aonde aparecer ou aonde subir para ser vista, tendo sido essa pessoa muito vista e elogiada no passado. Esse tratamento é difícil, mas necessário.

Eu me apeguei a esse versículo:

"Jesus respondeu: 'Você não entende agora por que eu estou fazendo isso; mais tarde, porém, entenderá'". (João 13:7)

Por vezes eu achei que já estava entendendo e queria dar o meu jeitinho para Deus, eu me lembro de dizer a Ele: "ok, Jesus, já está bom, eu já aprendi, eu já sei o que o Senhor quer de mim". Mas, após falar isso, eu não o escutava falar nada, ou me afirmar nada. Então eu entendia que realmente ainda não era o tempo, e que eu deveria permanecer calada e obedecendo o tempo dEle.

OCUPAÇÃO COMO PERFECCIONISMO

Eu sempre me achei muito perfeccionista e, para quem tem esse perfil, é difícil aceitar certas coisas, pois quem é perfeccionista muito se cobra e pouco se aceita. Eu sempre lutei para fazer o melhor, para ser a melhor, para que o resultado fosse: ser aceita. Eu queria a todo custo ser aceita por todos, eu queria impressionar a todos, eu queria alcançar o apreço das pessoas. E esse meu perfil me adoecia pois, como seres humanos, não podemos ser perfeitos, pois todos temos falhas e dificuldades com as quais precisamos lidar. Mas o perfeccionista se cobra ao ponto de se torturar por não poder fazer tudo perfeito aos seus olhos. Quem se cobra muito, não reconhece suas qualidades e está sempre querendo corrigir, concertar, ou melhorar algo em si próprio. O perfeccionista pouco se elogia e muito se compara.

Em seu livro "*A coragem de ser imperfeito*" por Brené Brown, ela fala sobre o que o Perfeccionismo não é:

> •*Perfeccionismo não é se esforçar para a excelência. Perfeccionismo não tem a ver com conquistas saudáveis e crescimento. Perfeccionismo é um movimento defensivo. É a crença de que, se fizermos as*

coisas com perfeição e parecermos perfeitos, poderemos minimizar ou evitar a dor da culpa, do julgamento e da vergonha . Perfeccionismo é um escudo de 20 toneladas que carregamos conosco, achando que ele nos protegerá, quando, de fato, é aquilo que realmente nos impede de sermos vistos.

•Perfeccionismo não é autoaperfeiçoamento. Perfeccionismo é, em essência, tentar obter aprovação. A maior parte dos perfeccionistas cresce sendo louvada por suas conquistas e seu bom desempenho (notas, boas maneiras, regras cumpridas, trato com as pessoas, aparência, esportes). Em algum ponto do caminho eles adotaram esse sistema de crença perigoso e debilitante: "Eu sou o que eu realizo e quão bem o realizo." O empenho saudável é focado em si mesmo: "Como posso melhorar?" Mas o perfeccionismo é focado nos outros: "O que eles vão pensar?"

• O perfeccionismo não é a chave do sucesso. Na verdade, a pesquisa mostra que o perfeccionismo dificulta a conquista, pois está relacionado com depressão, ansiedade, compulsão e também com a paralisia da vida e a perda de oportunidades. O medo de falhar, de cometer erros, de não corresponder às expectativas dos outros e de ser criticado mantém o perfeccionista fora da arena da vida, onde a competição e o esforço saudáveis se desenrolam.

• Por fim, o perfeccionismo não é uma maneira de evitar a vergonha. Ele é uma forma de vergonha. Quando lutamos contra o perfeccionismo, lutamos contra a vergonha .

•Depois de usar os dados coletados para abrir caminho por meio dos mitos, formulei as seguintes definições de perfeccionismo:

• Perfeccionismo é um sistema de crença autodestrutivo e viciante que alimenta este pensamento

primitivo: "Se eu parecer perfeito e fizer as coisas com perfeição, poderei evitar ou minimizar os sentimentos dolorosos de vergonha, julgamento e culpa."

•O perfeccionismo é autodestrutivo simplesmente porque a perfeição não existe. É uma meta inatingível. O perfeccionismo tem mais a ver com percepção do que com uma motivação interna, e não há maneira de se dominar uma percepção, por mais tempo e energia que se gaste tentando.

•O perfeccionismo é viciante porque, quando experimentamos a vergonha, o julgamento e a culpa, acreditamos que o motivo para isso é não sermos perfeitos o bastante. Em vez de questionarmos a lógica defeituosa do perfeccionismo, nos tornamos mais apegados ao nosso propósito de aparentar perfeição e fazer as coisas de maneira perfeita.

•O perfeccionismo, na verdade, nos predispõe a sentir vergonha, julgamento e culpa, o que gera mais vergonha e autocondenação: "É minha culpa. Estou me sentindo assim porque não sou bom o bastante."

Durante o período que passei em obediência a Deus, li esse livro e fui muito abençoada pelas sábias palavras de Brené Brown que, após um extenso estudo e pesquisa na área do perfeccionismo, conseguiu trazer a luz o que muitas vezes não se consegue ver por si só, pois muitas vezes o perfeccionismo está disfarçado de um esforço sem fim, esforço esse que chega nos tornar escravos do trabalho.

Ocupação – uma palavra que se encaixava muito bem em mim.

Trabalho – outra palavra que se encaixava muito bem em mim.

Resultado – mais uma palavra que se encaixa muito bem em mim.

Até que, um dia, Deus olhou para mim e provavelmente falou assim: "não, minha filha, essas palavras não te definem, e Eu vou te ensinar que você não precisa de nenhuma ocupação, e não precisa estar envolvida em trabalho para adquirir resultados. Mas vou precisar que você entregue tudo, e passe um tempo a sós comigo para você aprender que isso está te consumindo e te afastando de mim."

COMO VENCER A OCUPAÇÃO?

Quem muito se ocupa vive anestesiado, ou seja, vive sem pensar no que está fazendo e já não sente mais prazer algum no que faz. A ocupação passa a ser automática, que passa a se tornar destrutiva, pois ela nos traz cegueira e anestesia nossas emoções; ou seja, vivemos sem nos alegrarmos e sem celebrarmos os nossos dias.

Então como podemos vencer a ocupação em excesso? Praticando gratidão. Pois, quando praticamos a gratidão, estamos reconhecendo que temos o bastante e que somos o bastante; e, por isso, não precisamos fazer muito para nos sentir suficientes e aceitos. Pois quem faz em excesso geralmente quer provar para alguém que tem valor pelo que faz. E nosso valor não vem do nosso trabalho e sim da nossa identidade em Cristo. Se fomos criados por Ele, temos valor, somos amados, somos suficiente.

"Este é o dia em que o Senhor agiu; alegremo-nos e exultemos neste dia" (Salmos 118:24).

Quando temos o entendimento que o Senhor é quem criou todos os nossos dias, nós vivemos mais gratos e mais alegres. Pois esse entendimento nos desafia a aproveitarmos nossos dias e não ocuparmos esse dia de forma absurda onde nem vemos as horas passarem, onde nem somos gratos pelos detalhes, pelas pessoas que fazem parte do nosso dia, pela natureza que nos rodeia, pelo ar que respiramos, pela provisão que temos.

Sem gratidão nós sempre queremos mais, nunca estamos satisfeitos, nunca estamos contentes e nunca paramos para observar o que já temos e o que Deus já nos deu.

É incrível quando usamos a lente da gratidão para viver, pois conseguimos ver tanta coisa que já temos, e passamos a ser grato por essas coisas.

Me lembro de uma viagem que fiz ao Brasil no final do ano de 2018 e, em uma ocasião, eu estava em uma feira e ali estava fazendo um lanche, comendo um pastel de vento, e notei que do outro lado tinha um senhor vendendo abacaxi. E o que me chamou a atenção para esse senhor foi a sua alegria, o seu entusiasmo em vender o seu produto. Olhando para ele eu notei que ele tinha poucos dentes, pois quando ele falava ele sempre sorria. A alegria desse senhor era contagiante, e eu entendi que a lente que aquele senhor estava usando era a lente da gratidão, pois independente da sua situação humilde ali naquela feita, vendendo fruta para o seu sustento, ele era feliz, e contagiava a todos com seu entusiasmo.

Quantas vezes nós temos mais do que precisamos e ainda assim não somos felizes? Quantas vezes nós pedimos a Deus coisas que não precisamos só porque queremos esnobar e viver de aparências? Enquanto outros vivem com bem menos que nós e são mais felizes que nós.

Eu entendi que a felicidade não está associada a coisas, nem a quanto dinheiro você tem no banco, mas em quão grato você é pelo que já tem. Pessoas podem viver com bem pouco e serem extremamente felizes e gratas. Quando eu entendi isso, deixei de lado minhas ocupações, que eu pensava serem o motivo da minha felicidade. Quando eu entendi isso, eu passei a não querer mais me ocupar demasiadamente e aproveitar mais os dias, aproveitar mais minha família e meus amigos, e dar-lhes o valor devido que eles têm.

Quem pratica a gratidão vive mais, vive melhor, vive mais leve e sorri mais. Vamos praticar a gratidão!

Capítulo 2

O PROCESSO DE VER QUEM EU ERA

*"Meu filho, guarde consigo a sensatez e o equilíbrio,
nunca os perca de vista."*
Provérbios 3:21

CONVIVENDO COMIGO MESMA

Tive que aprender a conviver comigo mesma; eu mesma não sabia o quanto eu era difícil, e o quanto eu era amarga, triste, depressiva, e desequilibrada. Eu não sabia que era assim, não tinha a mínima noção.

Talvez as pessoas à minha volta não falavam como eu era, e talvez porque era difícil lidar comigo. Então, por muito tempo, achei estar fazendo a coisa certa, achei ser certa, e a verdade é essa: eu achei, mas não era a realidade.

Nos dias que conseguia ver quem eu realmente era, tinha vontade mesmo de apagar aquilo, não queria aceitar, não queria acreditar. Às vezes era desesperador ver quem eu realmente era, e me incomodava muito ao ver que não era algo bom.

Deus estava esperando algo de mim, que não tinha me dado conta, até que Ele começou a falar através de algumas pessoas, dar sonhos a outras pessoas, até para mim mesma. Tive muitos sonhos que estavam relacionados à minha família: um dia sonhei que meus filhos estavam presos em um castelo, onde haviam também outras pessoas, e eles estavam ali como reféns, e um homem estava ali guardando aquele castelo com uma arma na mão. Ninguém podia chegar perto, ou entrar naquele lugar, e eu via aquela cena, mas não sabia como salvá-los. Me lembro de acordar desse sonho muito aflita, sem saber o que pensar sobre aquilo, mas tinha uma noção que não era algo bom, e que por eu ter visto aquela cena, sabia que estava ligado a mim, e que eu deveria e precisava fazer algo.

Em outra ocasião, eu sonhei que estava dormindo em minha cama, e era acordada com uma enorme quantidade de sangue que saía de dentro de mim, era muito sangue, como se estivesse tendo uma hemorragia. Acordei muito assustada e preocupada, pois o sangue tomava conta de toda a minha cama. Também acordei desse sonho, sabendo que estava diretamente ligado a mim, e que precisava entender o que aquilo significava e o que precisava fazer.

O que entendi é que não podia depender de ninguém nesses momentos, não podia associar isso a ninguém, ou culpar ninguém, não podia esperar que alguém fizesse o trabalho que era meu, que estava em minhas mãos para concertar. Por vezes eu tentava buscar pessoas, ou esperar que essa pessoa pudesse preencher o vazio que estava sentindo, e que essa pessoa talvez tivesse a cura para esse momento, mas não: era eu e Deus. Ele queria ser essa pessoa, Ele queria ser o único, Ele queria ser a minha busca, a minha solução e a minha cura.

APARÊNCIA

"Eu posso me vestir de uma aparência de santidade, eu posso me ornar de uma falsa espiritualidade. É fácil mudar o exterior! Não leva tempo, é só você falar o que é certo, é só usar a saia do comprimento certo, é só deixar de cantar as musicas o mundo e com isso vamos construindo a nossa casa na areia! Quando cuidamos da aparência, nos tornamos especialistas em julgar o outro." Helena Tannure.

Eu me apoiava em aparências. Gostava de estar sempre bem vestida e por isso investia muito na aparência, nos cabelos, na maquiagem, porque acreditava que isso traria segurança e aceitação.

Tinha a perfeição como um alvo, como uma meta, como um modelo a ser seguido. E lutando pela perfeição, me frustrava muito, porque na maioria das vezes não conseguia atingir a perfeição que tanto pensava ser possível. Quando as coisas não saíam do meu jeito, eu me cobrava muito, me autocriticava e ficava muito abatida.

Aparências estão conectadas à vaidade. A Bíblia fala em Provérbios 21:24 o seguinte:

O vaidoso e arrogante chama-se zombador; ele age com extremo orgulho.

A vaidade muitas vezes tem raiz de orgulho e arrogância, pois ela está conectada à ostentação de um exterior perfeito e bem arrumado, quando muitas vezes serve para esconder um interior adoecido e desequilibrado. Existe uma frase que diz: Todo excesso esconde uma falta. E isso é uma realidade, pois todas as vezes que precisamos usar algo em excesso é porque está faltando muito que precisa ser preenchido. A maquiagem, por exemplo, pode ser usada em excesso para esconder manchas, rugas ou cicatrizes. E assim agimos com outras áreas em nossa vida. Gastamos muito para termos uma aparência exterior impecável, para escondermos uma mente fraca, um espírito atribulado e um coração soberbo.

Todos nós temos uma área de vaidade. Podem não ser as aparências mas pode ser o trabalho em excesso, onde trabalhamos muito, para ajuntarmos muito, para termos o suficiente para suprir as nossas vontades. E trabalhar é ruim ou errado? Não! Ele só não pode ser excessivo só para que você mantenha um nível de luxo.

Olha o que esse versículo bíblico diz:

"A beleza de vocês não deve estar em enfeites exteriores, como cabelos trançados e joias de ouro ou roupas finas. Ao contrário, esteja no ser interior, que não perece, beleza demonstrada num espírito dócil e tranquilo, o que é de grande valor para Deus" (1 Pedro 3:3-4).

Que possamos encontrar nosso valor nessa beleza vinda de um espírito doce até que essa beleza transpareça e alcance os outros, a fim de sermos ferramentas de cura para os que estão à nossa volta.

Que ao subirmos aos púlpitos, possamos levar um espírito de humildade, de mansidão, de tranquilidade, pois é disso que estamos precisando em nossos púlpitos. São esses tipos de ministros que o Pai busca para estar disponíveis para Ele. Que nossos adornos sejam espirituais e não materiais. A diferença só vai fazer quem entendeu que cabelo, maquiagem e roupas caras não vão transformar vidas, não vão curar os doentes e não vão trazer libertação para um espírito cativo. Que os ministros do nossos tempos tenham um coração voltado para a palavra, a fim de serem instrumentos afinados para o reino de Deus.

VISANDO O FUTURO, MATANDO O PRESENTE

Eu vivia planejando o futuro e não desfrutava do presente. O futuro era sempre melhor no meu ponto de vista, o futuro era a promessa de algo completo, perfeito, inteiro, pleno, e o presente não passava de cobranças e mais cobranças.

Tinha muitos planos, sempre organizava projetos para o futuro, estava sempre pensando em como eu poderia ser melhor no futuro, em como mudaria no futuro. Como era interessante pra mim pensar que o melhor era para depois, que o hoje não passava de cansaço, desilusão e decepção!

Realmente não conseguia viver o presente, pois para viver o presente eu precisava me achar e identificar o que estava fazendo de errado. E isso eu pensava que podia deixar para depois. Como eu estava equivocada, como estava perdida sem rumo e sem direção! Mas, mesmo assim, tinha meus cargos e ocupações no ministério, e achava estar fazendo a coisa certa.

Muitos querem fazer coisas maravilhosas pra Deus, mas não sabem como ou por onde começar. Eu digo que primeiro, é necessário uma instrução e uma preparação.

"Apegue-se à instrução, não a abandone; guarde-a bem, pois dela depende a sua vida." (Provérbios 4:13).

Como esse versículo diz, a nossa vida depende de uma instrução. Uma instrução pode mudar tudo, pode dar direção e foco. E sem uma direção concreta, andamos em círculos, damos volta por anos e, mesmo ocupados, não saímos do lugar.

Certamente o futuro precisa ser planejado e precisamos ter metas e objetivos, mas elas não podem ser somente metas vazias que servem mais como desculpas para não nos atentarmos para o presente, que precisa ser vivido intencionalmente.

Mateus 6:34 diz assim:

"Portanto, não se preocupem com o amanhã, pois o amanhã trará as suas próprias preocupações. Basta a cada dia o seu próprio mal."

Por vezes, viver fazendo planos não tem a ver com organização, por vezes é somente um escape para correr da responsabilidade que o hoje nos traz.

Como a Bíblia mesmo diz, existem preocupações para cada dia, ou seja, precisamos nos atentar em ser responsáveis com o presente, e em darmos a devida atenção ao que faz parte da nossa vida hoje.

Como é incrível ver que a maioria de nós está vivendo dessa forma, fazendo planos, traçando metas, investindo no futuro, mas esquecendo que o hoje não volta, que não tem repetição do hoje, não tem *replay*, não tem segunda chance. O hoje passou e não volta mais. Se você não viveu o hoje, você perdeu uma grande oportunidade de fazer algo que poderia ter impactado a sua vida, ou a vida de alguém de alguma forma.

Sabe aquelas pessoas que querem muito ter o corpo em forma, mas não querer pagar o preço do hoje, mas se veem musculosas no futuro? Como você vai chegar a ter essa forma física, se você não começar hoje? As grandes coisas são construídas a partir de pequenos esforços que você faz hoje.

"Dedica-se a esperar o futuro quem não sabe viver o presente" (Sêneca)

Essa frase é uma grande verdade; quem não vive o presente e se concentra somente no futuro, muitas vezes está com medo de admitir que não sabe o que está fazendo da vida, e não reconhece que precisa de ajuda, de cura, para viver o presente de forma saudável, aceitando a vida que tem e as responsabilidades que tem.

Outro dia li uma pequena história de um autor desconhecido:

Certo dia, no parque, um amigo veio ao meu encontro desabafar.

– Eu quero sumir! – Ele disse, enquanto eu jogava comida para os patos. – Fugir da rotina, quebrar as regras, ver a beleza do mundo, ficar sozinho.

– E o que te impede? – Perguntei voltando meu olhar a ele.

– Eu. – Ele respondeu.

Na maioria das vezes, nós somos nossos maiores inimigos e os maiores responsáveis pelo que não está dando certo em nossas vidas. Ou planejamos muito, ou não planejamos nada. Ou vivemos demasiadamente ansiosos, ou vivemos demasiadamente inertes. É preciso ter uma comunhão com o Espírito Santo para que Ele nos ajude a viver o presente, sem ter os pensamentos no futuro. Viver o hoje, o agora.

VIVENDO NOSSAS RESPONSABILIDADES

Se temos responsabilidades com os de casa, precisamos dar a eles atenção devida. Se temos um trabalho, precisamos nos dedicar a ele. Se temos uma missão, seja ela qual for, precisamos nos dedicar a ela e fazer o nosso melhor.

De que adianta planejarmos como vamos viver daqui um ano, cinco anos, dez anos, se não vivemos a dádiva de hoje, não sorrimos hoje, não celebramos hoje, não aproveitamos hoje? De nada adianta. Quem vive com a cabeça no depois nunca desfruta do agora, nunca está presente no momento e perde várias oportunidades de ser feliz e completo.

Para viver o presente, é necessário viver de bem consigo mesmo. Pois o maior motivo de adiarmos o que temos que fazer e viver o hoje é a inadequação ao presente, ou seja, cremos que não estamos preparados o suficiente, por isso planejamos para viver depois. Só é pleno quem se conhece bem.

A pessoa que é plena não está presa ao que os outros pensam dela, ela também cultiva a autenticidade e a autocompaixão. Ela não faz comparações ou projeções de como pode ser melhor depois, mas foca no presente. Não é ansiosa, nem faz suposições negativas. Ela simplesmente cultiva a gratidão, a alegria, o lazer, a criatividade. Ela sorri, ela dança, canta, e celebra.

Quem vive com o foco no futuro também é egoísta, pois só pensa em si mesmo, e não entende que existem pessoas hoje que dependem que se esteja vivendo o presente. Todos que fazem parte da sua vida precisam que se faça presente, não só com o corpo mas com a mente e entendimento. O egoísta não entende que o que ele faz ou deixa de fazer afeta os que estão à sua volta, e somente foca em si mesmo e em seus próprios interesses.

ENCONTROS DIÁRIOS COM DEUS

E no processo de ver quem eu era, eu vi a Deus. Pois Ele me levou a ter encontros diários com Ele, onde me mostrava para onde eu estava caminhando, que era um caminho contrário de onde Ele queria me levar. Deus me mostrou que eu estava me esforçando demasiadamente para me tornar algo que Ele não tinha sonhado pra mim. Ele não me queria como alguém famosa, de nome, de sucesso, de relevância, de visibilidade, mas sim como filha amada que Ele me criou para ser.

Quando nos esforçamos muito, deixamos de ser filhos e passamos a ser escravos. Pois quem muito trabalha não entende que possui um herança, e pensa que precisa trabalhar para ser aceito. O filho que entende o Pai que tem, não precisa agir assim, não precisa comprar o Pai com esforços, mas somente aceitar que tudo que ele precisa está na casa do Pai, na presença do Pai.

Comecei a identificar quando precisava me retirar para buscar a Ele. Um dos sintomas era uma angústia profunda em meu coração que até fazia meu peito doer. Quando sentia isso, eu sabia que tinha que ir para o meu lugar de encontro com Ele.

Então eu parava de fazer o que estava fazendo, e ia até esse lugar. Esses encontros sempre se iniciavam com lágrimas, pois a maioria das vezes meu coração estava apertado demais, doendo demais e sem direção. Eu chegava no lugar, sentava na cadeira, voltada para a parede, pois eu não queria nenhuma distração, e começava a me derramar. Ali, eu me encontrava, e chorava para lavar a alma e me encontrar com Ele.

Alguns dias eram só lágrimas, em outros dias conseguia orar, em outros eu cantava, e em outros eu lia a Palavra e era alimentada por Ele. Alguns dias escrevia também, meditava, estudava; mas, ao final de todos, saía aliviada, leve, restaurada, e entendendo mais sobre o processo.

Existiam dias também em que corria desses encontros. Triste dizer isso, mas é a verdade. Nesses dias eu tinha medo de me entregar, de me lançar nEle, pois viver do meu jeito era bom, era confortável. Sabia que esses encontros doíam, pois na maioria deles, Deus me pedia algo, algum tipo de renúncia ou entrega; por isso eu corri de alguns deles.

Entretanto, não conseguia correr por muito tempo, pois Ele sempre me achava, e a Sua voz me levava a um arrependimento que eu não conseguia controlar. Esses encontros foram chave, foram ferramentas e foram essenciais em meu processo de transformação.

TRAUMAS

O que precisei parar de fazer imediatamente foi deixar de julgar a mim mesma. Eu me julgava muito, me cobrava muito, e isso me distanciava muito de Deus. O julgamento nos vicia. O julgamento muitas vezes está ligado a um trauma, e esse trauma é resultado de algo que não conseguimos alcançar em um tempo passado.

Quem se cobra muito, sofreu muito e perdeu muito no passado. Por isso, para que não tenha que passar por perdas novamente, faz de tudo para melhorar, para que viva só de ganhos e não tenha que viver a dor da perda novamente. É por isso que quem muito faz e muito se cobra é movido por um trauma do passado, e precisa de cura e libertação. Mas, para ser liberto de algo, é necessário identificar o problema, é necessário identificar os espíritos e as brechas que foram abertas que ainda estão dando legalidade e força para os espíritos atuarem ali.

Precisei passar por esse processo de identificar esses es-píritos e, ao identificá-los, eu pude dar nome a eles e, pela au-toridade no sangue de Jesus, eles foram expulsos. E não pense você que uma vez que esses espíritos foram expulsos, eles fo-ram expulsos para sempre. Não. Eles podem voltar, por isso o trabalho de fechar a brecha é nosso, para que não tenhamos dificuldade na mesma área que já deveríamos ter vencido.

"Somente quem vivenciou a dor de um trauma sabe que embora seja necessário se reestruturar, esta tarefa pode não ser tão simples, nem fácil." - Soraia Rodrigues de Aragão.

A dor é tão real quanto o trauma que foi causado. Sem ressignificarmos esse trauma e resolvê-lo, andaremos em círculos a vida toda, sem sair do lugar. Pois o que não é resolvido não é curado. E, sem cura, não podemos atuar em posições de destaque, pois passamos a essência do que vivemos para aqueles que recebem algo de nós.

FECHANDO BRECHAS

Quando traumas acontecem, uma brecha se abre. Por isso existe a necessidade de falar sobre o trauma. Nos atendimentos que faço eu falo sobre essa necessidade. Muitos não entendem essa necessidade e pensam que voltar ao trauma é mexer na ferida e que fazer isso é algo desnecessário. Mas não. Um trauma não resolvido é uma ferida aberta para sempre. E uma ferida aberta traz dores e desconfortos que te impedem de viver uma vida saudável e plena.

É necessário voltar ao acontecido, ao trauma, estar frente à frente (se possível) com a(s) pessoa(s) causadora desse trauma e falar sobre o que aconteceu, para que esse trauma seja tratado e resolvido.

Em meus atendimentos eu aconselho os pais a falarem com seus filhos sobre acontecidos que causaram traumas; pois é necessário para a cura desse trauma e cicatrização da ferida. Por mais difícil que seja voltar ao assunto, isso precisa acontecer para que as pessoas envolvidas prossigam e não fiquem amarradas e sofrendo.

HÁBITOS DESTRUTIVOS

Esse autojulgamento e essa cobrança podem se tornar um hábito. A pessoa se habitua a cobrar de si mesma uma postura de vitória, de triunfo, de poder; isso passa a ser a única opção que a pessoa tem, e caso ela venha a experimentar a derrota, a perda, ou a vergonha, ela volta a viver o mesmo sentimento que viveu quando ocorreu o trauma, e isso é extremamente doloroso, pois traz à tona todos os sentimentos vividos naquela época. Por isso, a pessoa se torna refém de suas cobranças por perfeição, pois ali é o esconderijo dela, ali é o lugar de conforto dela.

"A gente não se liberta de um hábito atirando-o pela janela: é preciso fazê-lo descer a escada, degrau por degrau." - Mark Twain.

Ninguém se liberta de algo escondendo isso debaixo do tapete, ou tentando esquecer para não sofrer. É necessário dar nome a isso, identificar o mal, e destroná-lo.

Então quando fui arrancada desse lugar de engano, me vi completamente vulnerável; pois, após renunciar o cargo, eu não tinha mais para que fazer esse trabalho de cobranças por resultados, pois não tinha o que cobrar. E esse lugar foi extremamente desconfortável e estranho pra mim. Um lugar onde eu precisei me despir de todos os hábitos enganosos e destrutivos. Como foi difícil deixar de me esconder. Como foi difícil me revelar para Deus e deixar Ele ver tudo.

É até engraçado dizer isso, como se Deus já não pudesse ver o que eu era e como eu estava agindo. Mas sim, isso é possível, pois nós podemos viver anos e anos sem deixar que Deus toque em áreas difíceis da nossa vida que não queremos mudança. É possível se esconder da presença dEle, pelo menos a partir da ignorância da nossa mente, pois a realidade é que nada é escondido dEle, Ele vê tudo e sabe de tudo, até mesmo antes de nós mesmos.

A Bíblia diz em Salmos 139: 1-13:

"SENHOR, tu me sondas e me conheces! Sabes quando me sento e quando me levanto, e acompanhas o meu pensamento onde quer que eu esteja. Discernes minha caminhada e a minha pousada, e estás a par de todos os meus intentos. Porquanto a palavra ainda não chegou à minha língua e tu, ó Eterno, já a conheces completamente. Tu me envolves por trás e pela frente, e pões sobre mim tua mão. Tal conhecimento é para mim demasiado maravilhoso, tão elevado que não posso compreender totalmente. Para onde poderia eu fugir do teu Espírito? Para onde poderia correr e escapar da tua presença? Se eu escalar o céu, aí estás; se me lançar sobre o leito da mais profunda sepultura, igualmente aí estás. Se eu me apossar das asas da alvorada e for morar nos confins do mar, também aí tua mão me conduz, tua destra me ampara. Se eu cogitar: 'As trevas, ao menos, haverão de me envolver, e a luz ao meu redor se tornará em noite', constatarei que nem as mais densas trevas são obscuras para teu olhar, pois a noite brilhará como o meio-dia, porquanto para ti as trevas são luz. Tu formaste o íntimo do meu ser e me teceste no ventre de minha mãe".

Ele sabe tudo sobre nós, pois antes mesmo que nascêssemos Ele já tinha planejado todos os nossos dias. A questão é que temos o livre arbítrio para vivermos as nossas próprias escolhas; e então podemos viver longe dEle e distante do que Ele tem para nós.

Podemos escolher viver os planos de Deus ou os nossos próprios planos.

AUTOSSABOTAGEM

Eu me autossabotei muitas vezes, quando sabia que o que estava escolhendo viver não era bom pra mim, e mesmo assim fazia.

A autossabotagem te faz viver anos em círculos. E uma bela hora você se depara com o estrago que você mesmo causou em sua vida.

A autossabotagem te leva a viver no automático, pois você entra em uma rotina, vive um ritmo de pensamento, de aceitação de algo destrutivo, e esse comportamento negativo se instala em você, te atrofia, e te faz viver os mesmos resultados; resultados esses que estão te deixando no mesmo lugar.

Por exemplo, o indivíduo quer muito emagrecer mas come sem regras e sem equilíbrio porque não consegue se controlar. Com isso, ele está se autossabotando, porque os seus resultados nunca vão mudar; ele vai passar a vida acima do peso e sempre reclamando que não consegue mudar seus hábitos alimentares.

Até ele entender que a comida que ingere sem limite está sabotando a saúde dele. E, para sair desse comportamento, ele precisará determinar de uma vez por todas o que precisa parar de fazer e colocar em prática um novo comportamento, para que o ciclo de autossabotagem seja quebrado, e um novo padrão de pensamento seja estabelecido, para que haja uma mudança de decisões.

Na maioria das vezes nós não nos damos conta que estamos nos autossabotando. No meu caso, o comportamento já estava tão automático que eu passei anos sem me dar conta do dano que estava causando a mim mesma.

Foram anos e anos tendo um comportamento negativo que me deixou estagnada no mesmo lugar, até que eu passei pelo processo e entendi que estava me autossabotando. Como foi difícil ver o resultado das minhas escolhas e como elas me feriram e me impediram de viver coisas novas. A autossabotagem te escraviza, te cega, te corrompe.

Qualquer pessoa pode desenvolver um comportamento de autossabotagem. E esse comportamento pode ser decorrente de experiências vividas ao decorrer da vida, com situações passadas que foram negativas e, com o passar do tempo, a mente já se cauteriza, e isso impede que a pessoa tome as devidas atitudes para sair desse ciclo.

Muitas vezes a autossabotagem acontece quando ocorreu algo que fez essa pessoa se sentir pequena, e sem valor. E isso faz com que a pessoa aceite migalhas como bom e como suficiente para ela, e ela passa a se acostumar com isso, entendendo como merecedor.

A autossabotagem também pode ser decorrente de sentimentos de culpa, raiva, frustração, tristeza; e sentimentos como esses quando não são tratados, tornam-se em comportamentos destrutivos.

Sempre quis ser um pessoa relevante, sempre gostei de ouvir as pessoas e ajudá-las. E com o decorrer dos anos eu pensei que ter um título me colocaria na posição de relevância. Mas não, o título pode até te colocar em lugar de destaque, mas não de relevância. Relevância só tem quem tem algo para oferecer e oferece. O título não coloca algo de valor dentro de você, ele só te rotula, só faz seu nome aparecer no topo da lista. Ele não faz nada além disso por você.

Para ser relevante você precisa alcançar alguém, estender a mão para alguém, atender a necessidade de alguém.

Eu me autossabotei pensando que, para ser relevante, precisava de títulos que me colocassem em destaque. Mas graças ao Espírito Santo e ao processo que passei, pude mudar de rota, mudar de comportamento, e dar um fim à autossabotagem.

Hoje, sem título algum, tenho mais relevância que antes, pois o meu compromisso não é com o título, e sim com as pessoas e as necessidades delas. Antes, o título ocupava o meu tempo, hoje sem título, tenho disponibilidade para fazer, para atender, para ouvir, para ajudar.

A relevância está na sua disponibilidade de usar o que você tem para abençoar alguém. Seja lá qual for a área de conhecimento que você tem. Você nunca conseguirá ser relevante enquanto estiver retendo seu conhecimento. Você só conseguirá isso quando usar tudo que você tem para o reino de Deus, para alcançar aqueles que precisam, que estão morrendo à sua volta, enquanto você se ocupa com serviços de funções diversas. Quanta religiosidade! Quanta hipocrisia!

Sou a primeira a reconhecer o ciclo da autossabotagem. Que o Espírito Santo nos ajude a reconhecer e deixar esse ciclo vicioso, que nos destrói e nos atrofia, quando Ele tem planos de uma vida frutífera para nós. Precisamos ser frutíferos para o reino, e não religiosos por trás de nossos cargos.

Capítulo 3

A NECESSIDADE DE RECONHECER

*"O temor do Senhor ensina a sabedoria,
e a humildade antecede a honra."*
Provérbios 15:33

Todos temos problema em reconhecer certas coisas em nossa vida e, quanto menos reconhecemos, mais isso terá poder sobre nós.

RECONHECENDO NOSSA FRAGILIDADE

É necessário reconhecer; reconhecer precisa fazer parte de nós. Reconhecer precisa deixar de ser algo distante, e passar a ser costume.

Por vezes, pensamos que reconhecer é algo que somente pessoas que passaram por traumas e perdas precisam fazer, mas reconhecer precisa ser uma experiência de todos. Quando deixamos algo no escuro, escondido, mais isso terá poder sobre nós, precisamos trazer o que está escondido para luz, para que isso seja exposto, tratado e curado.

É necessário compartilhar a verdade mas, mais importante que compartilhar é vivê-la e falar sobre ela com outras pessoas, com os que estão à nossa volta. A pior coisa é vivermos de aparência, sem nos ligarmos às pessoas a partir da realidade da vida, e uma dessas realidades é a nossa fragilidade. Não existe uma real conexão sem a verdade e a transparência. Precisamos falar de fragilidade, precisamos ser abertos para cultivarmos resiliência.

Precisei reconhecer que eu não era capaz de muita coisa que achava que era capaz. Eu comecei a entender que existiam pessoas com qualidades para fazer coisas que eu estava tentando fazer a todo custo. Como precisei aprender. Como eu precisei deixar de lado. Como precisei dar a vez. Como eu precisei me humilhar. E tudo isso me ajudou a crescer, me ajudou a me desenvolver, me ajudou a olhar para os outros e não para mim mesma o tempo todo. Me ajudou a ver a necessidade do próximo e não somente a minha.

Augusto Cury diz que *"O maior líder é aquele que reconhece sua pequenez, extrai força de sua humildade e experiência de sua fragilidade."*

Reconhecer nunca teve a ver com fraqueza, mas sempre teve a ver e sempre terá a ver com coragem.

RECONHECENDO REAIS VALORES

"Não busque ser um homem de sucesso, busque ser um homem de valor." - Albert Einstein

O que seria valor para você? O que seria importante para você? Reconheci o valor das pessoas, os dons das pessoas, e como elas deveriam ser amadas.

Às vezes, o ministério te faz ver pessoas como funcionários, que precisam se desenvolver para cumprir uma meta; mas no reino de Deus não é assim, no reino de Deus precisamos ver pessoas como filhos, como almas, e não como oportunidades para serem usadas para proporcionarem resultados.

O real valor de alguém não está no resultado que ela produz. Não. E muitas vezes é assim que os ministros são tratados. A essência das pessoas não está mais contando, o resultado está valendo mais, o fruto está valendo mais que a árvore. O que alguém produz é só consequência de quem ela é na sua essência e no seu íntimo. Não podemos atribuir valor aos dons, talentos e serviço. Isso é o que as empresas fazem ao vender um produto. Nós não somos um produto ou uma mercadoria, nós somos filhos de Deus, comprados pelo sangue de Jesus. Aí está nosso valor, no sacrifício que Ele fez por nós, no preço que Ele pagou.

O real valor não está no sucesso, nas conquistas, nos resultados, e sim em quem você é. Se você é verdadeiro e autêntico, exatamente aí está o seu valor. Entenda isso.

RECONHECENDO A NECESSIDADE DE SACRIFICAR

Já dei à luz dois filhos, foram partos normais, sem anestesia, pois eu tenho uma reação alérgica à anestesia, e por três vezes quando aplicaram anestesia em mim, me faltou o oxigênio e a pressão arterial baixou muito. Então, sabendo disso, precisei ter partos normais, precisei sentir muita dor, sacrificar meu corpo, para dar à luz. Passar pela dor por vezes é necessário para adquirirmos recompensa de algo.

Precisamos reconhecer que precisamos perder algumas coisas, deixar algumas coisas, sacrificar algumas coisas.

Quem nunca sacrificou nada, nunca acreditou e nunca triunfou. Quem sacrifica precisa subir uma montanha, precisa passar por lugares difíceis e escuros. Quem sacrifica se entrega e morre. Quem sacrifica sofre, mas também cresce. Quem sacrifica desce até onde for preciso. Quem sacrifica constrói. Só sacrifica quem está disposto a pagar um preço. Só sacrifica quem conhece o caminho da renúncia e da obediência. Só sacrifica quem tem visão da promessa.

Como Ele me ensinou sobre sacrifício, como Ele me ensinou a perder sem voltar atrás. Como Ele me ensinou a sorrir na perda, na dor, no isolamento e na falta de compreensão. Como Ele tratou meu coração e deu um sentido que eu ainda não conhecia. Ele conseguiu preencher em mim um vazio que nada mais conseguiu. Nenhum privilégio humano, nenhum reconhecimento humano conseguiu me dar o que Ele me deu.

Como Deus me ensinou que melhor é deixar e seguir leve, do que andar carregado e pesado. Ele me ensinou que precisamos deixar as preocupações, o egoísmo, a inveja, a correria, a falta de perdão, a culpa, o ressentimento, a inimizade, a soberba, o orgulho, o passado, a crueldade, a necessidade por controle, o ódio, a mágoa, a pretensão, a desculpa, a falsidade, o medo, a mentira, a postura de vítima, as palavras negativas, e abandonar tudo aquilo que nos destrói e nos impede de prosseguir.

Que precisamos ser mais amigos, irmãos, companheiros e parceiros. Que definitivamente precisamos estender mais a mão, dar um voto de confiança, dar lugar à esperança. Sonhar mais, sorrir mais, descansar mais, viajar mais, abraçar mais, celebrar mais, amar mais.

Servir mais, sermos mais gratos, mais verdadeiros, mais intensos, mais alegres, mais leves, mais humildes.

RECONHECENDO NOSSA IMPERFEIÇÃO

Deus me ensinou que, quando olhamos para dentro, não temos tempo de achar erro no outro. Que a nossa vida precisa ser baseada mais em amor e que quando andamos em amor, andamos em sabedoria e nobreza, pois o amor amplia nossa visão, nos amadurece, nos faz crescer, nos faz mais humildes, nos transforma, nos rende, e nos torna mais generosos.

É engraçado dizer isso, mas é uma grande verdade: quanto mais lutarmos para sermos perfeitos, mais perderemos o controle de quem somos.

E porque perdemos o controle? Porque enquanto trabalhamos para ser algo inatingível humanamente falando, menos estaremos em conexão com o que realmente somos.

Para combatermos a necessidade de sermos perfeitos, precisamos analisar a causa ou a motivação que nos leva a almejar a perfeição.

Reconhecer nossa imperfeição é reconhecer que não somos suficientes. Que sem Deus não existe perfeição. Quando entendemos quem Deus é, entendemos que não somos nada sem Ele, que sem Ele é tudo prepotência, é tudo vaidade, é tudo engano. Sem Ele, estamos perdidos, falidos e órfãos.

Padre Fábio de Melo disse a seguinte frase: *"Quanto maior a armadura, mais frágil é o ser que a habita"*.

Quem muito se esconde, foge da realidade. Quem muito se arma exteriormente, não tem força interior. Quem muito precisa argumentar, não tem convicção de quem é. Quem muito precisa justificar, pouca verdade tem dentro de si.

Reconhecer é a chave, é o início, e é o que te levará a caminhar para frente.

RECONHECENDO QUE PRECISAMOS OBEDECER

Precisei reconhecer, precisei obedecer. Essa obediência me custou tudo, inclusive quem eu achava que era. Essa obediência me fez entregar uma posição para encontrar um relacionamento. Essa obediência me levou a um lugar de solidão, de entrega e total dependência. Essa obediência me colocou de frente comigo mesma, para enxergar quem eu realmente era. Essa obediência me levou a encontrar o amor e a cura para minha alma.

Essa obediência me levou a reconhecer que eu não era autossuficiente. Essa obediência me tirou do púlpito e me levou para a mesa. Essa obediência me custou julgamentos e dores. Essa obediência me fez abaixar as mãos e dobrar os joelhos. Essa obediência me tirou dos holofotes e me levou para a intimidade. Essa obediência me ensinou sobre o ministério da família. Essa obediência me ensinou que o serviço sem relacionamento de nada vale. Essa obediência me ensinou que o talento não é suficiente, que uma voz não é suficiente, que a técnica não é suficiente, que a fama de nada vale, se a essência estiver morta.

Essa obediência me ensinou a ser vulnerável, a não correr atrás de perfeição, sucesso ou quantidade. Essa obediência me ensinou que riqueza é ter paz, liberdade, gratidão e sabedoria. Essa obediência me ensinou que meu chamado não está em fazer, mas em ser. Se eu sou, então tenho autoridade para fazer. Mas se faço sem ser, não haverão frutos, a colheita nunca chegará.

Reconhecer que precisamos obedecer muitas vezes significa não ter uma perspectiva ou uma visão clara do que será daqui pra frente, mas isso não pode nos assustar e não pode ser importante, pois se temos Ele, com Ele temos tudo.

Hoje, escrevo isso para os ministros, aqueles que foram chamados para o altar. Melhor é ser antes de fazer. Melhor é adorar no seu quarto, no sofá da sua casa ou à mesa com a família do que ser exposto ao público sem essência.

Melhor é obedecer, mesmo que isso te custe tudo. Porque quando Ele te requer obediência, Ele já tem algo muito maior preparado. Obedeça. Sempre.

RECONHECENDO O TEMPO

Como é necessário entender e reconhecer o tempo. A Bíblia fala em Eclesiastes 3:1-8:

"Para tudo há uma ocasião certa; há um tempo certo para cada propósito debaixo do céu: Tempo de nascer e tempo de morrer, tempo de plantar e tempo de arrancar o que se plantou, tempo de matar e tempo de curar, tempo de derrubar e tempo de construir, tempo de chorar e tempo de rir, tempo de prantear e tempo de dançar, tempo de espalhar pedras e tempo de ajuntá-las, tempo de abraçar e tempo de se conter, tempo de procurar e tempo de desistir, tempo de guardar e tempo de jogar fora, tempo de rasgar e tempo de costurar, tempo de calar e tempo de falar, tempo de amar e tempo de odiar, tempo de lutar e tempo de viver em paz."

Se a Bíblia nos educa sobre entender o tempo devido para cada estação, significa que passaremos por estações diferentes que exigirão um comportamento específico e um entendimento específico.

Por vezes, queremos aceitar somente aquilo que vai nos abençoar e não aquilo que vai nos quebrar ou nos tirar do conforto. Mas como é necessário reconhecer que nem sempre vamos sair ganhando ou lucrando! Às vezes, a perda será mais necessária que o ganho. A descida será mais necessária que a subida. Se esconder será mais necessário que aparecer. Precisamos ser educados na humildade e na flexibilidade. Quem não é flexível quebra facilmente, quem aprende a ser flexível também aprende a ser moldado.

Leia atentamente essa ilustração:

A JABUTICABEIRA

Um jovem se aproximou de um senhor idoso e perguntou:

— Que planta é esta que o senhor está cuidando?

— É uma jabuticabeira — respondeu o velho.

— E ela demora quanto tempo para dar frutos?

— Ah, pelo menos uns quinze anos — informou o homem.

— E o senhor espera viver tanto tempo assim? — indagou irônico, o rapaz.

— Não, não creio que viva tudo isso, pois já estou no fim da minha jornada, disse o ancião.

— Então, que vantagem você leva com isso, meu velho?

E o velhinho respondeu calmamente:

— Nenhuma, exceto a vantagem de saber que ninguém colheria jabuticabas se todos pensassem como você...

(Autor desconhecido).

Que seria de nós, se não plantássemos hoje a semente que servirá de alimento amanhã?

Não podemos estar voltados somente para nós mesmos. Temos que pensar, também, nas gerações que estão por vir.

Temos que dar nossa colaboração. Muitas medidas tomadas hoje repercutirão no futuro. Tomara que você sinta orgulho de poder fazer, de alguma forma, parte dele e ter dado a sua contribuição.

Quem entende o tempo, entende que não existe colheita para quem não espera o tempo da semente dar o seu fruto. O tempo é o que nos prepara, é o que nos ensina sobre mansidão, sobre tranquilidade, sobre paz. Ninguém aprende a ter calma e tranquilidade em meio ao tumulto. Só se aprende a ter tranquilidade quando se é colocado em situações de espera, situações onde não temos o controle, nem o domínio sobre o que está acontecendo.

É no tempo, é no dia a dia que somos forjados, ensinados, preparados, transformados. Quando entendemos o preparo que o tempo nos traz, entendemos que até em tempos de espera existe um aprendizado e uma lição.

Reconhecendo Tesouros

Provérbios 2:1-5 diz: *"Meu filho, se você aceitar as minhas palavras, e guardar no coração os meu mandamentos, se der ouvidos à sabedoria e inclinar o coração para o discernimento, se clamar por entendimento e por discernimento gritar bem alto; se procurar a sabedoria como se procura a prata e buscá-la como quem busca um tesouro escondido, então você entenderá o que é temer o Senhor e achará o conhecimento de Deus."*

Esse versículo fez parte dos meus dias e dos meus devocionais. Eu lia, relia, chorava, buscava entender cada palavra e cada significado que essas palavras tinham para o momento em que estava vivendo.

No que eu mais me fixava era o "tesouro escondido" e, no fato de tesouro ser algo que tem muito valor, eu pude entender que ganhar o coração era de muito valor e buscar conhecimento era de muito valor e necessidade. E gritar bem alto à procura de sabedoria para mim significava fazer o máximo de esforço possível para adquirir sabedoria da palavra; ou seja, buscar sem cessar, buscar sem me cansar, buscar sem me saciar, buscar como nunca antes tinha feito.

No início deste capítulo contém esse versículo: *O temor do Senhor ensina a sabedoria, e a humildade antecede a honra (Provérbios 15:33).*

Aqui entendo que não existe honra pra quem não entende a humildade e a pratica. Existe uma frase do Apóstolo Luís Hermínio que diz: Só é promovido quem aceita ser substituído. Na verdade ninguém quer ser substituído, mas todos queremos ser promovidos. Essa é a nossa realidade. Muito queremos ganhar, mas pouco queremos perder. Muito queremos alcançar, mas pouco queremos aprender. Muito queremos obter, mas pouco queremos investir.

No reino de Deus, Ele está sempre nos convidando a perder, a deixar, a aceitar, a se humilhar, pois aí é que está o segredo, quanto mais moldados formos por Ele mais temos autoridade para exercer nosso chamado. É necessário reconhecer que somos falhos e incapazes sem Deus.

O QUE ESTÁ QUEIMANDO EM NOSSO ALTAR?

Algo que o Espírito Santo ministrou em mim durante esse processo foi entender o que estava queimando em meu altar e que tipo de altar eu estava construindo. Às vezes nos escutamos a frase: precisamos construir um altar. Mas digo que todos nós temos um altar, esse altar já está construído a partir do momento que começamos a adorar ou exaltar algo em nossas vidas, sendo isso bom ou ruim, sendo isso adoração a Deus ou a coisas.

É necessário identificar que tipo de fogo está queimando em nosso altar. Qual tipo de incenso está subindo, e qual cheiro está sendo recebido pelo Senhor. Se não fizermos essa análise diariamente, queimaremos fogo estranho, e nosso altar não agradará a Deus. Aí está a suma importância em reconhecer que tipo de altar temos e para quem estamos levantando esse altar.

Pois é possível construir altar para outros deuses, e é possível idolatrarmos esses deuses diariamente. Isso acontece até entre os cristãos. Mas, às vezes, passa despercebido se não nos atentarmos ao cheiro que está saindo desse altar. Precisamos sondar o nosso coração, e pedir que o Espírito Santo nos ajude a identificar o que está queimando em nosso altar.

Quando damos um foco maior à performance, por exemplo, estamos queimando incenso de vaidade. Quando damos um foco à visibilidade por exemplo, estamos queimando incenso de autopromoção. Quando damos foco à remuneração como alvo pelo que fazemos, estamos queimando incenso de corrupção.

TRAGA SUAS ESCURIDÕES À LUZ

Existe um versículo em Gênesis 1:4 que diz *"Deus viu que a luz era boa e a separou da escuridão."* Eu interpreto o que está escrito aqui da seguinte forma: tudo que precisa de cura, precisa de separação. Você não pode estar na luz e na escuridão ao mesmo tempo, os dois não podem andam juntos. Ou você está no claro ou no escuro, não existe meio termo, meia luz ou meias trevas. Por isso precisamos de separação, de tomar uma posição e fazer uma decisão.

Expor o que antes estava escondido é aceitar a mudança, aceitar a cura e ser restaurado. Não estou dizendo que com isso você vai falar de seus erros a qualquer um, ou a qualquer pessoa; estou dizendo que a pessoa certa, a pessoa confiável e preferencialmente um profissional da área, precisa ter conhecimento do que precisa ser exposto e curado. Só quem tem a resposta certa pode te ajudar nesse processo. Então, certifique-se que a pessoa está apta a tomar conhecimento das suas áreas escuras, pois são áreas sensíveis que precisam ser tratadas por quem tem autoridade e conhecimento para isso.

Após expor, você vai passar pelo processo de sair de onde você está para alcançar a mudança e consequentemente a cura para essa área. É necessário entender que você vai expor para tratar, e não expor para se achar vítima de seus erros. Você não pode ficar estagnado, você precisa avançar; mas muitas vezes nos sentimos vítimas de nossas escolhas erradas, e falamos dessas escolhas como uma justificativa para o erro. Não, não é por aí que você deve pensar. É necessário lembrar e expor para o fim de reconhecer e mudar; e não lembrar e parar no caminho.

ALCANÇANDO O PERDÃO

Quando reconhecemos, alcançamos o perdão. *"Mas, se confessarmos os nossos pecados a Deus, ele cumprirá a sua promessa e fará o que é correto: ele perdoará os nossos pecados e nos limpará de toda maldade."* - I João 1:9.

Quando recebemos perdão, nos lembramos do sacrifício de Jesus na cruz. Quando recebemos e aceitamos esse perdão, não nos colocamos mais na posição de vítima dos nossos erros, pois entendemos que o perdão nos limpa, nos ergue e nos faz mais leves.

Quando aceitamos esse perdão, nós reparamos nossa comunhão com Ele, nós nos conectamos com seu amor e sua bondade. Nós deixamos de julgar à nós mesmos, e vivemos em paz. Quando aceitamos o perdão, nós deixamos de lado a resistência e nos lançamos em seus braços. E quando nos lançamos nos braços dEle, entendemos que não há lugar melhor, que é nos braços dEle que precisamos estar, descansar e habitar.

RECONHECENDO A NECESSIDADE DE TERMOS PRIORIDADES

Quando reconhecemos que precisamos priorizar as coisas, começamos a entender o que é importante e o que merece o nosso tempo e a nossa atenção.

As prioridades nos trazem foco e organização. Sem prioridades ficamos perdidos e acabamos comprometendo nosso tempo com o que não alimenta nosso espírito.

Prioridades só acontecem quando tomamos uma atitude. E atitude é algo físico que precisamos fazer, é uma decisão que precisamos tomar. Se, por exemplo, você quer muito estudar a palavra para crescer em conhecimento espiritual, você vai precisar organizar o seu dia e separar esse tempo para que você possa se dedicar a esse estudo. Sem esse planejamento, você não vai conseguir atingir a sua meta, e sempre estará reclamando da falta de resultados.

Suas reclamações se tornarão um vício, pois todas as vezes que você se frustrar pela ausência de resultados, você irá reclamar, e isso vai passar a fazer parte das suas desculpas.

Por isso, existe a necessidade de priorizar. Pois alguém organizado elimina desculpas do seu vocabulário. Alguém organizado não culpa a falta de tempo, pois ela faz o seu tempo. Alguém organizado colhe os frutos do seu planejamento. Alguém organizado tem mais resultados do que fracassos.

Prioridades também nos levam mais perto de Deus. Prioridades também nos levam a viver o propósito de Deus para nós. Prioridades nos ajudam e nos preparam para o nosso destino. Sem prioridades, não existe preparação. Sem prioridade, não existe crescimento. Sem prioridade, não existe resultado. Prioridade é o que nos faz chegar aos nossos objetivos. Prioridade é o que nos leva a viver uma vida com mais compromisso e responsabilidade.

RECONHECENDO QUE PRECISAMOS ORAR

"Se você decide orar, a oração te ensina a decidir."
Lyah Jaudy

Orar não é uma opção, é questão de sobrevivência. Se não oramos, ficamos sem entender o que Deus quer de nós. Se não oramos, ficamos sem saber que decisão devemos tomar, e acabamos por tomar decisões erradas. A oração não pode ser nosso último recurso, e sim nossa primeira decisão. A oração precisa ser nossa fonte de respostas e instrução. Nossa instrução não pode vir de nenhum outro lugar a não ser do alto, a não ser do único lugar que pode nos proporcionar refúgio e sustento.

"Então vocês vão me chamar e orar a mim,
e eu responderei." Jeremias 29:12

A resposta está nEle, mas o que nos conecta a Ele é a oração, é o nosso clamor e a nossa busca. Sem isso, ficaremos sem resposta, e nos contentaremos com outras respostas que estão à nossa volta. Não se engane, se você não buscar respostas em Deus, irá buscar em outros lugares. E muitas dessas respostas vem de lugares que estão mais propícios a preencher nossa alma do que nosso espírito. Qualquer lugar que está em fácil acesso alimentará mais a nossa alma e as nossas emoções, isso é fato. Pois para que o espírito se encha, é necessário renúncia, obediência, sacrifício, e isso não é de fácil entrega, isso custa, isso tem um preço de alto valor.

Quando oramos, pagamos esse preço. Quando oramos, estamos falando para Deus: nossas respostas estão em Ti, e nenhum outro lugar pode nos proporcionar o que só o Senhor pode nos dar. A oração nos educa, nos exercita e nos leva a reconhecer nossa necessidade e dependência de Deus.

Não existe livro, curso, pessoa, ou material algum que possa te ensinar mais sobre tomar decisões do que a oração. A oração te ensina a decidir porque a oração é escutar Deus falando com você, e não pedir para Deus fazer o que você pede, e sim você começar a fazer o que Ele fala pra você.

Quer saber o que fazer? Quer saber qual caminho seguir? Quer saber que direção seguir? Ore!

RECONHECENDO QUE SOMOS PECADORES

O que mais se vê hoje são pessoas que querem ser quem não são, ou aparentar algo que não têm, ou ostentar o que não se pode obter, mas mesmo assim compra só para que os outros pensem que ela pode. Quando Deus me chamou para esse processo, entendi que era um processo para que eu me tornasse em uma pessoa real, verdadeira, autêntica e honesta.

E o primeiro passo para sermos autênticos é assumirmos quem somos, sendo isso bom ou ruim. Se estamos quebrados, vamos falar que estamos quebrados, se estamos aflitos, vamos falar que estamos aflitos. Se estamos errados, vamos falar que estamos errados.

Quando alguém apontar um erro seu, concorde com ele, e lhe diga que você sabe exatamente quão pecador é. Não tente mascarar ou maquiar o erro, melhor mesmo é que seja honesto a respeito de seus erros, todos nós somos falhos e pecadores, cada um de nós tem uma fraqueza.

A Bíblia diz em II Coríntios 12:10: *"Quando estou fraco é que sou forte"*. Isso nos diz que precisamos reconhecer nossas fraquezas, e não escondê-las ou omiti-las.

Salmos 51:17 diz: *"Os sacrifícios que agradam a Deus são um espírito quebrantado, um coração quebrantado e contrito"*. É necessário termos esse coração que se quebranta, que reconhece que precisa de Deus.

Nesse processo, entendi que precisamos ser verdadeiros, e não precisamos correr dos nosso erros, e sim assumi-los. O melhor mesmo é ir de frente ao espelho e admitir o quanto somos errados, pecadores, sujos, corruptos e reconhecer que precisamos de Jesus todos os dias. E que sem Ele nada somos e nas podemos.

"Eu me afligia quando alguém pegava no meu pé insistindo em me corrigir, enquanto outros permaneciam errado sem correção. Hoje, eu percebo que fui mais amada. Melhor ser confrontado e ter a chance de mudar, do que ir se perdendo e sendo aplaudido" - Helena Tannure.

Meu Deus! Que confronto é essa palavra, cheia de verdades que deveriam nos alertar a não querer essa vida de aplausos. O maior erro do ser humano é querer cobrir, esconder, maquiar e fugir da realidade pecaminosa. Quanto mais fazemos isso, mais estamos nos distanciando daquele que pode nos ajudar e nos limpar.

Ele não espera perfeição de nós, mas Ele espera que sejamos sinceros e quebrantados. Ele nos aceita, nos acolhe, nos entende, nos perdoa e quer nos transformar.

Quando entendemos que podemos ser melhores, não há mais razão para ficar no mesmo lugar de erro, de engano e de dor. Aí está a questão, quanto tempo mais vamos viver colhendo os frutos das nossas escolhas erradas? Vivendo de dor em dor, de ferida em ferida, de pecado em pecado. É tempo de querer avançar, de querer consertar, de querer ir além.

Para mim, o tempo chegou, e eu não pude mais deter o agir do Espírito Santo. Ele precisava trabalhar em mim, e eu tive que me render. Foi tão doloroso, mas tão necessário. Foi tão difícil, mas trouxe crescimento e mudança.

Reconhecer que somos pecadores é o primeiro passo rumo a uma vida transformada.

RECONHECENDO QUE PRECISAMOS DE HUMILDADE

Existe uma frase de Padre Pio de Pietrelcina que gosto muito que diz: *"A humildade é o reconhecimento da renúncia de si mesmo"*.

Quem renuncia a si mesmo, entendeu a humildade. Quem renuncia a si mesmo não está buscando se autopromover. Quem renuncia a si mesmo, entendeu que Deus é quem o conduz.

Se você busca riquezas, baseie-se no ensinamento deste versículo em provérbios: *"A recompensa da humildade e do temor do Senhor são a riqueza, a honra e a vida"*.

Se na humildade existe vida, riquezas e honra, aí está uma receita certeira para o sucesso. Quer adquirir sucesso em alguma área? Busque humildade. Quer ser honrado no que você faz? Busque humildade. A prepotência pode nos levar a destruição. A humildade pode te levar a ter um final feliz, ou melhor, viver mais feliz.

RECONHECENDO NOSSA RELIGIOSIDADE

Será que somos religiosos?

Eu acho que sim. Na verdade, tenho certeza que sim. Pelo menos sei que estava sendo e, se não cuidarmos, voltamos a prática da religiosidade assim que começamos a falar de Deus e não refleti-lo em nosso comportamento.

Como assim? Você pode estar perguntando. Muitas vezes eu cantava sobre Deus, "adorava" o nome dEle, mas minhas atitudes em casa, ou no trabalho, ou a forma de tratar as pessoas não era a forma como Jesus as trataria.

Fica mais fácil reconhecer quando estamos sendo religiosos quando estudamos a vida de Jesus, como Ele agiu aqui na terra, e nos deparamos fazendo o contrário que Ele fez. E deixe-me te dizer algo, Ele não chamou ninguém para ser um religioso. De que ainda falar o nome de Jesus e não servi-Lo, e não fazer a Sua vontade? Seria viver uma vida em vão, seria viver uma vida de mentira e de fachada. Não queira viver essa vida. Ele não tem essa vida para você, Ele não quer essa vida para você.

Para sairmos da religiosidade precisamos fazer uma análise e pedir que o Espírito Santo nos mostre se estamos aproveitando ou perdendo as oportunidades de falar e agir como Ele fez na terra.

Outro comportamento que evidencia uma religiosidade é não se relacionar com Ele. Para combatermos a religiosidade precisamos ter um relacionamento com Ele. Quando não nos relacionamos com Deus, nos relacionamos com outras pessoas, com outras coisas, e isso rouba nosso tempo de comunhão com Ele, de oração, de contemplação, de leitura da Palavra. Quanto mais distante dEle, mais religiosos ficamos, e quanto mais perto dEle, mais ficamos parecidos com Ele, e não precisamos da religião. A religião muitas vezes é usada para esconder uma falta, ou para aparentar algo que não somos.

Eu fiz isso por muito tempo, vivia de cultos, de rituais, quando meu coração não estava perto, não me relacionava com Ele, não conhecia a Sua vontade; mesmo assim subia nos púlpitos para falar dEle. Esse comportamento nada mais era que um escape, uma fuga e uma maquiagem para cobrir o que faltava.

Quando Ele me chamou para um processo de cura, eu reconheci o que estava fazendo e o quanto estava me escondendo por trás de um serviço, que nada mais era fruto de religiosidade. Como foi doloroso ver que a religiosidade me deixou estéril, me deixou estagnada e perdida. E o pior, me levou a pensar que eu estava no caminho certo e fazendo a coisa certa. Triste foi descobrir que eu estava equivocada, mas descobrir a verdade me fez muito bem, e me libertou.

Muitas vezes descobrir a verdade dói, e dói muito. Mas é libertador. Todas as vezes que você deixa de querer estar no controle, você perde alguma coisa, mas ganha paz e conhecimento.

Capítulo 4

QUANDO A PERDA É NECESSÁRIA

"Eu tive muitas coisas que guardei em minhas mãos e as perdi. Mas tudo o que guardei nas mãos de Deus, ainda possuo." - Martin Luther King

Eu tive que perder tudo aquilo que eu tinha como importante, para ganhar aquilo que Ele tinha como importante e essencial pra mim.

Na verdade, precisei perder coisas da terra para ganhar coisas do céu.

"Buscai, assim, em primeiro lugar, o Reino de Deus e a sua justiça, e todas essas coisas vos serão acrescentadas." - Mateus 6:33

Passei por varias perdas, situações que doeram em mim profundamente. Me sentia extremamente desfeita, desconstruída, derrubada. E quem estava se encarregando disso era o próprio Deus. Por muitas vezes, lutei para que isso não acontecesse, porque eu queria ficar bem, ou seja, queria ficar bem do jeito que eu sabia ficar, do jeito que eu tinha aprendido ou acostumado a ficar. Eu não sabia ou não estava confortável em ficar bem do jeito dEle, pois o jeito dEle desfazia muito do que eu era, me despia, me desnudava, me corrigia... e isso, pra mim era doloroso.

Ver quem eu era e tinha me tornado doía muito, pois não era algo bom, era algo feito pelas minhas próprias mãos, e tudo que nós mesmos fazemos pode ser algo ruim aos olhos de Deus.

Eu entrava em choque muitas vezes, era tomada por uma angústia profunda, uma tristeza que tomava conta de mim, e me causava profunda dor.

"Se acatarem a minha repreensão, eu darei a vocês um espírito de sabedoria e revelarei a vocês os meus pensamentos." - Provérbios 1:23

Como somos abençoados e recompensados quando somos repreendidos por Ele. Pois Deus não repreende para nos fazer sofrer, mas sim para forjar em nós um espírito de sabedoria, e revelar quem Ele é para nós.

Quando comecei a me render a Ele e ao processo, por vezes eu perguntei a Ele o porquê de estar sendo quebrada e desfeita. E muitas vezes não tive respostas. Mas quando tive, eu O ouvi dizer que não estava me fazendo passar pelo processo porque Ele tinha prazer em me ver sofrer, muito pelo contrário. O Senhor estava querendo que me achegasse ainda mais perto. Que onde eu estava antes era um caminho distante dEle, e que o que parecia sofrimento para mim era, na verdade, um caminho de volta à intimidade, um caminho de volta para seus braços.

Obediência

Eu tinha uma palavra, e por mais que essa palavra não satisfizesse meus desejos, tive que obedecê-la.

Eu perdi, perdi o que achava ser importante, quando na verdade não era, ou não deveria ser.

Tive que matar a carne, mas eu gritei, gritei muito para não deixar de alimentar a carne, pois eu queria de todo jeito viver para me sentir bem, para satisfazer minhas vontades e desejos. Achava que por eu ser muito emotiva, que eu podia viver de emoções, de prazeres da carne, do que me dava um sentimento de felicidade, de aceitação.

Um dia o Espírito Santo ministrou uma palavra ao meu coração e me perguntou assim: O que você vai levar desta vida?

Então comecei a refletir sobre isso e me dei conta de que os ganhos não estão em ajuntar e sim em espalhar. Espalhar amor, alegria, paz, harmonia, amizade, confiança, lealdade.

Jesus mesmo disse aos discípulos que é necessário perder a vida para achá-la. E porque os homens querem ganhar tanto? Ajuntar tanto? Guardar tanto? Subir tanto?

Entendo que quanto mais eu me doar, mais vou receber. Quanto mais a minha vida for dedicada à servir, mais ela terá utilidade. Quanto mais de mim eu negar, mais verei a Cristo. Quanto menos de mim eu tiver, mais dEle eu vou ter. Quanto mais eu renunciar, mais Ele poderá se revelar.

Uma coisa entendi desse processo. Obedecer não é para quem admira a Deus, e sim para quem é filho de Deus e ama fazer a Sua vontade. Obedecer certamente é para os fortes, os fortes de espírito, os fortes de entendimento, os fortes de atitude.

Obedecer requer morte para sua vontade e seus desejos. Quem obedece deixa para trás as razões e caminha para o invisível, mas colhe os frutos dessa obediência.

Eu obedeci na dor, obedeci com lágrimas, obedeci com o coração doendo. Porque obedeci, precisei me ausentar. Porque obedeci, precisei parar. Porque obedeci, precisei deixar. Porque obedeci, precisei descer. Porque obedeci, precisei perder.

E quem quer ausentar, parar, deixar, descer e perder? Certamente, nenhum ser humano quer isso. Pois tudo isso traz dor e sacrifício, coisas que o ser humano não quer viver.

O que queremos mesmo é aparecer, subir, ganhar e conquistar. Isso, sim, faz bem.

Mas nem sempre o que faz bem para nós, é o que nos leva mais perto dEle. Então o Espírito Santo me disse: Não tenha medo de perder. Não tenha medo de desaparecer. Não tenha medo de descer. Aí é que está o seu ganho.

"No meio da dificuldade encontra-se a oportunidade" –
Albert Einstein.

Até mesmo quando perdemos, podemos encontrar oportunidades. Dificuldades podem ser portas para o seu destino, portas para sua transformação.

NÃO TENHA MEDO DE PERDER

Gosto muito de aprender com TD Jakes, e em uma de suas mensagens ele fala sobre os tesouros na escuridão. E, nessa mensagem, ele faz uma analogia sobre a necessidade do embrião ser gerado na escuridão e no anonimato.

A escuridão ou obscuridade te dá a chance de se desenvolver ou crescer. Só que a obscuridade te leva à invisibilidade. Hoje, ninguém mais quer estar escondido, porque querem ser vistos, aplaudidos, elogiados. Hoje muitos querem ser bem sucedidos sem estar preparados.

Sucesso sem preparo é o mesmo que dar à luz um filho prematuro; as chances de sobrevivência são menores, pois a exposição precoce torna a benção em maldição. A escuridão pode até ser difícil, solitária e parecer uma punição, mas não é,

Deus só esconde quem Ele ama, Ele esconde o que tem valor. A escuridão com Deus é preparação, é esconderijo, é proteção.

A escuridão também te traz revelação. Provérbios 1:23 diz: *"Se acatarem a minha repreensão, eu darei a vocês um espírito de sabedoria e revelarei a vocês os meus pensamentos."*

Para termos uma real revelação do que Deus quer de nós, precisamos obedecer a sua voz. E nem sempre queremos andar em obediência porque, às vezes, obedecer significa deixar, mudar, se anular. É aí que a carne precisa morrer para que o Espírito se fortaleça.

Na escuridão Ele prova seu coração, Ele remove toda ostentação por um lugar de destaque e te leva de volta ao simples. Ele te leva a desejar momentos a sós com ele, e te ensina que se relacionar no secreto é necessário para sua sobrevivência.

Ele te leva a contemplar, descansar, sorrir, e cantar só para Ele ouvir. Ele vê suas lágrimas e enxuga cada uma. Ele escuta cada suspiro seu.

E, pra mim, o maior tesouro da escuridão está em deixar de ser conhecida por homens e ser conhecida por Deus, pois no escuro e no anonimato do secreto Ele vê quem você é, sem máscara, sem maquiagem, sem grifes.

SECRETO TRAZ INTIMIDADE E PERDAS

É no secreto que a intimidade começa e se desenvolve. É longe de tudo e de todos que nos aproximamos dEle. E, pouco a pouco, você começa a identificar e ser grato pelos tesouros descobertos na escuridão.

Um dia eu estava no meu quarto e a presença do Espírito Santo foi tão forte que eu chorei muito, um espírito de quebrantamento veio sobre mim e eu ouvi o Espírito Santo me dizer: "se você não sair perdendo algo de você cada vez que me encontrar, então não foi a minha presença que você viu, e sim uma comoção vinda das suas próprias emoções. Pois a minha presença tem o poder de mudar algo em você, e se você não está saindo do quarto mais parecida comigo então não sou Eu quem está te tocando, e sim suas próprias emoções."

Nesse dia eu me derramei e disse a Ele: "eu não quero ser movida por minhas emoções, eu quero ser tocada por você, Deus, e eu quero sair do meu quarto diferente, eu quero sair mais parecida com o Senhor sim, senão não está valendo a pena, não está sendo suficiente, e eu estou perdendo tempo."

E Ele continuou dizendo: "Se você sair do quarto chorando ou até arrependida de algo, não significa que você me viu, você pode bem ter tido uma revelação de quem Eu sou, talvez foi só um momento de meditação onde você pensou na vida, analisou algumas coisas e se comoveu; mas se não houve mudança, não houve encontro, não houve perda, não houve transformação."

Enquanto Ele me falava isso eu me sentia quebrantada profundamente e pedia perdão por todas as vezes que foi só emoção que eu senti.

Então, eu comecei a entender que todas as vezes que eu saía do secreto eu tinha que sair mais leve, pois isso significaria perdas, perda de ego, perda de vontade, perda de glória humana, perda de aceitação e perda de carne.

Eu saía do secreto com o entendimento de que não poderia mais voltar lá para buscar as coisas que Ele me fez entender que precisava perder, que precisava deixar lá e nunca mais buscar; e que no próximo encontro Ele tiraria mais coisas e me fazia perder mais e mais.

Passei a querer estar mais tempo assim a sós com Ele, porque me fazia tão bem, eu saía desses encontros mais leve e mais apaixonada por Ele.

Esses encontros também me proporcionavam entendimento do tempo em que eu estava vivendo, eu entendia que era tempo de me esconder, de me posicionar, de morrer pra mim mesma e para as minhas vontades.

Se, para ter intimidade, você precisa perder, então qual é a sua escolha? É como alguém que quer ganhar músculos e não quer suar, e não quer perder calorias. Para todo ganho, perdas virão, perdas serão necessárias. Não duvide disso, entenda isso e vá para esse lugar sem medo, pois esse é o lugar em que você ganha intimidade.

TRANSFORMAÇÃO OU EMOÇÃO?

A maior razão pela qual não conseguimos nos arrepender e alcançar transformação são as nossas emoções, pois não aprendemos a ter domínio sobre elas e deixamos que elas nos dominem. E, por mais que você pense que você precisa se emocionar para se arrepender, isso não é verdade, pois o arrependimento precisa vir de um entendimento e não de uma comoção onde você chora porque sabe que errou.

Se você atribuir transformação a emoção, então você vai viver sendo usado por suas emoções.

E se você viver baseado em sentimentos e emoções você não chegará a lugar algum, quem dirá a um lugar de transformação. Pois as suas emoções estão ligadas à sua vontade, e a sua vontade oscila diariamente, ou até mesmo momentaneamente.

E Deus continuou dizendo: "o que você está ganhando fora da minha presença de nada te vale, de nada te serve, minha filha. Todo ganho fora de mim é pura vaidade, é pura glória humana, é pura conquista terrena. O melhor para você é perder, e não ganhar. Porque quanto mais você perde, mais você deixa de ser parecida com o homem carnal, quanto mais você perde, menos você se corrompe e menos você almeja um lugar que não é seu."

A emoção te leva a encarar os dias ruins de forma oscilante, pois as emoções sempre oscilam. Quando há transformação, você encara os dias ruins sem variação, pois você não se define pelas suas emoções que te sustém, e sim a verdade da palavra, a verdade que traz a certeza que todas as coisas cooperam para o seu bem.

As emoções sempre vão te levar a percorrer um caminho como o de uma montanha russa; um dia você está radiante, outro dia você está no fundo do poço e consumido por uma tristeza terrível e nem entende porque está assim. Então não confie em suas emoções, não viva por emoções, viva pela verdade da palavra, pois a verdade liberta e transforma.

QUANDO PERDAS SÃO MELHORES QUE GANHOS

"O que nos parece uma provação amarga pode ser uma bênção disfarçada" – Oscar Wild

Queira perder mais do que ganhar. Porque, se você perder todas as vezes que me encontrar você estará ganhando mais de mim, você estará recebendo mais do meu espírito.

Então o Senhor me perguntou assim: "O que você está disposta a perder hoje? Porque para se ganhar algo, também é necessário que se perca algo."

Você está disposto a perder uma posição? Um título? Um lugar de destaque? Você estaria disposto a sair de cena?

Entenda, na maioria das vezes não é isso que queremos, pois o natural do ser humano é querer ser visto. Nós já nascemos com essa necessidade de aceitação e inclusão no meio em que vivemos.

Ninguém gosta de renunciar, dar a vez, ceder e se ausentar.

Hoje em dia, estão todos lutando a todo custo para chegarem primeiro, chegarem mais rápido e mais alto.

Uns até pagam caro para serem os mais assistidos, em troca de ganharem fama e "nome". Poucos são os que querem trabalhar em silêncio e construir algo que aparentemente não pode ser visto. Poucos são os que preferem o anonimato. Poucos são os que passam pelo processo de preparação.

Então, Ele continuou: "Comigo, perder não significa morrer. A minha matemática é bem diferente da sua. Se Eu estou te pedindo para entregar e renunciar, é porque Eu quero te mostrar algo além ou mais profundo que você ainda não conhece."

Então eu respondi a Ele: "Melhor mesmo é não ter nada que o homem pode me dar e ter tudo o que o Senhor quer me entregar". E continuei: "Eu estou disposta a perder, Jesus."

Já ouvi essa frase tantas vezes: Deus te tira algo bom, pra te dar algo melhor. Mas, se não O deixarmos tirar, continuaremos com o que temos e nunca experimentaremos o novo. É preciso dar o primeiro passo, sair da zona de conforto, ter coragem de fechar as portas, e seguir em direção ao futuro.

Muitas vezes não vivemos a plenitude do que Ele tem para nós porque estamos andando em círculos, fazendo as mesmas escolhas, com o mesmo comportamento e com a mesma mentalidade. É preciso ampliar a visão, se desprender de velhos hábitos e fazer novas conexões.

Além de tudo, é necessário ter paciência, e aproveitar cada oportunidade como forma de preparação para o que está por vir. O preparo aumenta nossa capacidade e nos dá autoridade para exercer nosso chamado.

A submissão à vontade de Deus nos leva à obediência, e só obedece quem ama. Quem obedece aprende, cresce, rompe, avança, e vive o melhor de Deus.

NEM TODO ACRÉSCIMO NOS ACRESCENTA

"A verdadeira medida de um homem não se vê na forma como se comporta em momentos de conforto e convivência, mas em como se mantém em tempos de controvérsia e desafio." - Martin Luther King

Nem tudo que recebemos soma e adiciona. Muitas vezes ganhamos coisas que nos enchem do que não é bom e do que não edifica, e por vezes até nos afastam de Deus e do propósito dEle para nós.

Por isso que, por vezes, a perda é tão necessária, pois tudo aquilo que ocupa um lugar precisa sair e deixar de tomar espaço para que Ele venha nos preencher do que precisamos carregar.

O problema é que estamos muito apegados às coisas e essas coisas passam a ter uma importância muito grande para nós, a ponto de acharmos que não podemos viver sem essas coisas. Mas tudo que precisamos fazer é deixar Ele nos mostrar o quanto muito dessas coisas são insignificantes, e que não têm valor algum comparado ao que Ele quer colocar em nós, que realmente nos dará valor.

Às vezes, nós invertemos o significado dos coisas, damos valor ao que é palpável e não valorizamos que não se pode ver. Mas no reino de Deus não é assim, o que mais tem valor é o que é invisível aos olhos humanos, pois está conectado à essência, e essência não se pode ver, mas se pode notar e sentir. Por isso é tão comum ouvirmos as pessoas dizerem: Aquela pessoa carrega algo diferente.

Muitos acréscimos são armadilhas de Satanás, pois ele usa de suas artimanhas para nos confundir e pensar que se algo nos faz bem, então isso nos acrescentará. Não. A Bíblia diz que a benção do Senhor enriquece e não acrescenta dor. (Provérbios 10:22).

Se algum acréscimo está te trazendo dor, ou te levando para longe do propósito da vontade de Deus, então isso não está acrescentando ao seu espírito. Isso está te fazendo viver de dor em dor, e está te fazendo perder tempo.

MINISTROS SEM ESSÊNCIA

Quando estamos desprovidos da essência, somos levados a nos esvaziar do que está ocupando o lugar da essência até que entendamos novamente o seu valor. É muito fácil notar quando alguém perde a essência pois ela começa a apresentar sinais que indicam essa falta. Alguém que perdeu a essência perdeu também o temor. Provérbios 28:14 diz: *"Como é feliz o homem constante no temor do Senhor! Mas quem endurece o coração cairá na desgraça."*

Sem temor, caímos no erro e no pecado. Sem temor, nos tornamos mundanos e deixamos de guardar nosso coração. Um dos sinais que perdermos a essência é quando perdemos o temor.

Quem perdeu a essência também perdeu o foco e já não busca agradar a Deus, mas se perde em seus próprios interesses pessoais. Quantos ministros vemos hoje perdidos em suas próprias vaidades, pois eles buscam algo que a terra pode dar, que o homem pode dar e satisfazer. Buscam reconhecimento, fama, popularidade; buscam alcançar um patamar de visibilidade até se sentirem vistos ou elogiados o suficiente.

Sabe quando é fácil distinguir um ministro sem essência? Quando as palavras dele são vazias, quando no seu rosto já não existe lágrimas, e quando a sua ministração não fala mais de arrependimento. Quando ele deseja um lugar de destaque no púlpito, quando Ele quer ser escalado para todos os cultos, quando ele reclama que não tocaram a música que Ele ensaiou para ministrar, quando ele cria confusão com os líderes porque ele não teve a vez dele que o prometeram, quando ele deixa de ir ao culto porque não foi escalado, quando ele prefere estar em destaque do que estar sentado no banco da igreja, quando ele sai da igreja falando mal do pastor, do líder e de todos porque a vontade dele não foi feita.

Que triste é ver um indivíduo desse subindo nos púlpitos das igrejas para se aparecer e ganhar popularidade. Triste coisa é perder a essência e o esquecer o motivo pelo qual ele foi chamado por Deus. Alguém assim precisa sair de cena o mais rápido possível e rever suas motivações e intenções, quebrantar o coração, pedir perdão a Deus e às pessoas e buscar mudança.

COMPARAÇÕES

Outro sinal que apresentamos quando perdemos a essência é a comparação. Sem o que é real, vai existir o que é falso e vão existir rivalidade e comparações. Aquele que começa a se comparar, que começa a se achar melhor que o seu irmão, entra por um caminho de comparação que não agrada a Deus, pois cada um foi criado por Ele de uma forma única e verdadeira, por isso que cada um precisa entender a sua identidade em Deus para que não haja comparação.

Quando a comparação entra no coração, a pessoa perde de vista o chamado, e busca encontrar identidade no outro. Ninguém é capaz de te dar identidade a não ser aquele que te criou. Não adianta querer buscar ideia no trabalho que o outro está desenvolvendo. Não adianta copiar e querer fazer igual, que não vai dar certo.

Quem se compara está dizendo para Deus: "eu não quero ser o que o Senhor me criou para ser, eu quero ser o outro, eu quero o que o outro tem, eu quero o que o Senhor deu para o outro."

Aí a soberba e a inveja entra no coração, e a pessoa caminha para longe de ser a pessoa autêntica que Deus a criou para ser.

A comparação te destrói, te mata, te corrompe e te leva a viver uma vida insatisfeita, onde nada está bom, pois nunca é suficiente.

Quem se compara, se torna inimigo de si mesmo, e se torna amigo da destruição.

Capítulo 5

O PORQUÊ DE QUERERMOS RESULTADOS SEM O PROCESSO

"O verdadeiro homem mede a sua força quando se defronta com o obstáculo"
Antoine de Saint-Exupéry.

Nós queremos ser bem sucedidos no que fazemos, queremos ser relevantes, queremos ser ouvidos, queremos uma reputação, sabemos que isso é o alvo de muitos - e por que não dizer todos? Mas não queremos aprender como chegar lá, e muito menos trabalhar para isso. Queremos a rota mais rápida ao pódio, queremos segurar o prêmio e levantá-lo bem alto para que todos vejam que nós o estamos segurando em nossas mãos. Queremos nosso nome nas capas dos CDs, DVDs, redes sociais, televisão e etc.

Queremos ser convidados para os maiores eventos, queremos atrair a multidão, queremos os aplausos, os holofotes, a fumaça, as fotos, o calor do povo. Queremos tudo isso porque somos humanos, e como humanos queremos aceitação, queremos pertencer ao meio ao qual estamos inseridos.

Só que tudo isso se torna perigoso quando isso nos leva a acreditar que isso é o foco do nosso ministério, quando na verdade não deve ser.

Nós sabemos que só chegaremos aos resultados se estivermos bem, mas não queremos falar do que não está bem, não queremos ser interrompidos em nossa "missão", não queremos perder tempo, abrir nosso coração e tratar o que não está bem, o que está nos fazendo focar no fim, sem viver o meio. E, com isso, nos perdemos, pois focamos no galardão sem querer fazer esforço nenhum. E o esforço é importante, pois o esforço nos exercita e nos deixa mais fortes. O esforço nos trás resistência, persistência.

A cobrança por sermos perfeitos, o deslumbre da fama, do reconhecimento, tudo isso, nos leva a querer chegar mais rápido e, com isso, pensamos que qualquer caminho serve. Caminho esse que nos leva a viver uma vida sem sentido, buscando o topo, o primeiro lugar, onde todos poderão nos ver e nos admirar.

E, quase sempre, nesse caminho, perdemos tudo que o esforço não pode conquistar, aquilo que nos foi entregue para cuidar - nossa família.

CAMINHO DE PEDRAS

O processo muitas vezes é bem doloroso e pode se comparar à um caminho sobre pedras. Existem aqueles que vêem pedras como obstáculo e outros que as vêem como um simples desafio que, depois de conquistado, podem os levar ao lugar desejado.

Muitas vezes para se ter a visão do mar, é necessário passar por pedras. Mas caminhar sobre pedras não é tão fácil. Elas podem te fazer tropeçar, cair, machucar, sujar e até mesmo te fazer desistir. Tudo depende de uma coisa: De como você caminha sobre as pedras. Aí está o segredo.

Quem caminha sobre pedras, traz fortalecimento ao corpo e ao Espírito. Quem caminha sobre pedras amplia a visão, fica mais atento, e ganha percepção.

O caminho sobre as pedras também pode ser longo, solitário e cheio de surpresas. Algumas pedras podem se mover e causar uma queda. É necessário muito cuidado.

Muitas vezes, DEUS pode nos levar a andar por caminhos assim - caminhos difíceis, longos, escuros, desertos, frios, e desconfortáveis.

Mas são nesses caminhos que a sua visão dEle melhora. É nesse caminho que Ele te revela o seu cuidado. É nesse caminho que ELE se aproxima e anda bem juntinho de você.

Um dia eu ouvi uma frase de TD Jakes que diz: *Muitas vezes Deus te isola para te manter exclusivo pra Ele.*

Muitas vezes esse isolamento é necessário, pois quando estamos rodeados de pessoas, também estamos rodeados de vozes, de opiniões, de ideias, de julgamentos, e isso pode nos confundir.

Mas quando estamos sós, aí não tem erro, é só você e Ele. E quando é você e Ele, nada mais pode interferir. Em cada encontro Ele te sonda para saber onde está o seu coração.

Nesses encontros Ele alivia a sua alma, cura as suas feridas, e proporciona descanso aos seus pés cansados do caminho. Nesses encontros Ele te chama de filho, de menina dos meus olhos. Ele te traz à memória cada promessa.

Nesses encontros Ele te alimenta com a verdade da palavra. Nesses encontros Ele te leva de volta ao início. Nesses encontros Ele reafirma o seu valor. Nesses encontros Ele te diz: "nem sempre o caminho será fácil, às vezes você caminhará sobre pedras, mas é nesse caminho que eu te forjo, te fortaleço, te elevo, te alimento, te protejo, te livro, te guardo e te surpreendo."

O processo carrega consigo mudanças necessárias e, durante esses processos, estamos sendo moldados por Ele, Ele não desperdiça nada, Ele não perde tempo.

Quem pensa que perdeu tempo não entendeu ainda que, na visão de Deus, nada é perdido, nada é em vão e nada é desperdiçado. Tudo contribui para o seu crescimento e fortalecimento. Se doeu, você aprendeu. Se terminou, você recomeçou. Se caiu, você levantou. Se alguém se foi, você superou. Se perdeu, foi livramento. Se deixou, foi corajoso. Se foi desprezado, aprendeu a se valorizar mais. Se foi injustiçado, orou mais. Se ficou isolado, se conheceu mais. Se mudou, melhorou. Se não deu certo, você tentou. Se doou, foi generoso. Se amou, foi feliz. Se deixou ir, foi forte. Se afastou, foi sábio. Se chorou, foi consolado. Se conquistou, foi esforçado. Se abraçou, foi amigo. Se perdoou, foi humilde. Se plantou, vai colher.

Nada é por acaso, e Deus é o primeiro a te afirmar isso. E o apóstolo Paulo bem disse que todas as coisas cooperam, sendo para o seu bem, ou para seu aprendizado. Se até hoje você passou por um tempo difícil, continue perseverando, lutando, persistindo. Agora será diferente, você aprendeu, cresceu, ficou mais forte. Talvez não foi do seu jeito, talvez você sofreu e não entendeu o porquê. Nem sempre você terá respostas. Mas sempre terá alguém para perguntar e alguém para te ouvir - Deus.

O propósito de Deus não é te desamparar, mas te deixar mais próximo dele. Talvez tudo que Ele queira seja o seu diálogo, a sua atenção, e o seu coração. Por isso Ele permite coisas desandarem e parecer perdidas, até você encontrar o que você precisa nEle. Após a tempestade vem a calmaria. O tempo está nas mãos de Deus, e quando você estiver bem íntimo dEle irá entender que existe um tempo para todas as coisas.

O PROCESSO PASSA PELO TEMPO

Quem quer resultado sem passar pelo processo do crescimento ainda não entendeu o tempo. O processo precisa passar pelo tempo. Nenhum crescimento acontece da noite para o dia; pois para algo se desenvolver acima de tudo é necessário paciência e espera.

Quem quer resultado sem passar pelo processo tem apenas a visão, mas ainda não avistou o caminho pelo qual vai ter que percorrer. Não existem atalhos para resultados, e sim caminhos. Atalhos até podem nos levar a um destino, mas nem sempre é o destino que Deus tem para nós. Atalhos podem até te levar à destruição e à morte. Atalhos são caminhos curtos e perigosos, que podem encurtar a distância, mas que te fazem chegar muito antes e despreparado.

Não queira pegar atalhos quando se trata de processos que Deus precisa que você passe. Eu me lembro que uma vez, no início da minha liderança eu recebi uma proposta de uma gravadora bem conhecida no Brasil, e eles me ofereceram um contrato para gravar uma carreira solo. Parecia ser uma proposta maravilhosa, e quem não quer assinar um contrato que irá garantir o seu sucesso? Com certeza, todos querem; e não é errado assinar um contrato para tal coisa; a questão é o tempo, pois um contrato assinado antes do tempo pode te levar para bem longe do que Deus tem para você.

Podemos lembrar de uma gestação para entendermos o tempo. Todo bebê que nasce fora do tempo normal para ser gerado, nasce com problemas e muitas vezes corre risco de vida. Tudo que é feito fora do tempo traz dores e morte. Se você está tomando atalhos, cuidado, pois o fim disso não será bom. Querer chegar mais rápido que todo mundo não é uma boa ideia. Melhor é chegar no tempo certo, nascer no tempo, esperar pela gestação completa, para que você viva algo saudável, forte, e sustentável.

PROPOSTAS NOS TIRAM DO PROCESSO

E me lembro de desligar o telefone com a pessoa que fez a proposta e sentir um incômodo muito grande no meu espírito, pois não era para mim. E, ao me sentir daquela forma, entendi que não era o tempo nem o modo que Deus iria usar para me levar a algum lugar. Por mais que pudesse ter sido algo bom para mim, não era bom o suficiente, não era compatível com a promessa. Me traria resultado? Sim. Mas me tiraria do processo e me levaria por um atalho muito perigoso.

Deus sabe o tempo certo de te promover. Ele não promove alguém que ainda carrega feridas abertas, Ele precisa te curar para te levantar, pois alguém curado não se vende, não se corrompe e não quer sentar no lugar de destaque. Quando alguém que não é curado está em destaque, com certeza não foi Deus que o colocou nesse lugar, mas ele próprio se colocou lá.

Existirão propostas feitas por pessoas que estarão sendo usadas pelo próprio Satanás para fazer com que você pense que está fazendo algo pra Deus, quando na verdade não está, quando na verdade estará construindo sua própria carreira e indo em direção à fama.

Muitas propostas vêm de homens e mulheres de Deus, que não sabem do tempo de Deus para sua vida e te propõem coisas que você não está preparado para assumir ou viver.

Por isso é tão fácil viver dentro da igreja, no ministério, sem estar vivendo a vontade de Deus. Pois muitas vezes as propostas estão vindo de dentro da igreja mesmo, e você passa anos fazendo algo, trabalhando em um cargo, servindo a Deus mas o coração distante de agradá-lo.

E como nos tornamos presas fáceis quando nos vendemos por nossos dons e talentos, nos tornamos em ministros sem valor algum, quando tudo que temos é um dom, e achamos ser suficiente.

Na maioria das vezes quem erra é o próprio líder, quando exalta o dom e esquece de olhar para o caráter desse ministro, quando exalta a disponibilidade para os púlpitos mas não sentam na mesa para ter relacionamento, quando exigem serviço mas não encorajam a buscar alimento na fonte, que fazem cobranças mas não procuram saber se esses ministros têm comida em casa ou se têm dinheiro suficiente para pagar suas contas, quando dão lugar de destaque nos púlpitos, e os tiram de dentro de casa e da família.

São propostas assim que te tiram do processo e te tiram do propósito. Deus nunca te chamou pra trabalhar para Ele. Ele te chamou, e na verdade chama todos os dias para se relacionar com Ele, e isso deve ser suficiente, sem nenhum acréscimo, sem nenhuma adição, sem nenhum complemento.

A GERAÇÃO QUE SE AUTOPROMOVE

Hoje em dia é muito fácil ser autopromovido, pois as facilidades do mundo moderno e a internet têm proporcionado visibilidade para todos. Visibilidade que faz alguém aparecer do nada e em um curto tempo ter um nome e uma quantidade de seguidores, o que aparentemente significa ter uma relevância na sua área de destaque.

Mas até onde isso está sendo benção para essa pessoa que chegou tão rápido a um lugar de destaque? Seria esse o propósito de Deus para alguém? Se destacar para fazer fama e sucesso? Onde estão os frutos? Onde está a colheita? Nenhuma árvore pode dar fruto tão rápido. O fruto precisa brotar, crescer, amadurecer, até que então esteja pronto para ser colhido e servir de alimento.

O alimento que não passa pelo processo de preparação permanece cru, e se torna quase impossível de ser ingerido e aproveitado. O alimento cru é desperdiçado e jogado fora, não serve para nada.

Como é importante entender o tempo e fazer as pazes com ele. Tem gente que vive sem viver o tempo que está vivendo. Vive querendo viver o futuro e não aproveita o presente. Não aproveita a estação que está vivendo. Existem coisas boas para cada tempo, mesmo sendo esse tempo um tempo de pouca visibilidade e influência. Existem tesouros escondidos em cada estação, mas é necessário identificá-los, eles estão lá para serem descobertos.

Se autopromover é pular etapas, se autopromover é querer passar na frente de Deus, se autopromover é ser exposto sem propósito, se autopromover é chegar no topo sem esforço.

Quem se autopromove rejeita a necessidade de Deus em sua vida, pois com a autopromoção está dizendo: "muito obrigado, Deus, mas eu não preciso da sua ajuda, eu consigo sozinho". E, às vezes, consegue mesmo, pois em muitos púlpitos os contratos são promovidos, e pessoas são compradas e negociadas como mercadoria. Tudo pela facilidade de encontrar homens dispostos a negociar com pessoas de muito talento e pouco compromisso com a palavra de Deus.

A autopromoção te traz status, fama, remuneração, mas te leva a cantar de Jesus sem conhecê-lo, te leva a usar o nome dEle sem conhecer a pessoa que Ele é, te leva a viver uma vida nos palcos e longe do secreto. Secreto? O que é isso? Para quem quer exposição, o secreto tá passando longe da sua mente e do seu entendimento.

Secreto é para quem não tem concorrência, é para quem entendeu o propósito pelo qual Deus lhe deu um dom. Secreto não é do conhecimento de todos, mesmo.

PROCESSOS E ESTAÇÕES

Para entender o tempo que você está vivendo, identifique também a estação da natureza. As estações apontam para o tipo de comportamento que você precisa ter. Por exemplo, no inverno é necessário fazer uso de trajes que irão proteger o seu corpo do vento frio. Na primavera você vai precisar sair de casa com botas de chuva e um guarda-chuva, pois é uma estação que recebemos muita chuva para que as flores desabrochem. O verão já te dá um pouco mais de liberdade e te faz sair de casa com um traje mais despojado, com sandália de dedo e roupas leves. O outono já te prepara novamente para dias mais secos e frios; e você vai precisar sair de casa com um casaco leve caso o tempo mude e esfrie.

Essa ilustração com o título de "A árvore e as quatro estações" nos mostra o valor de cada estação da nossa vida:

Um homem morava no deserto e tinha quatro filhos. Querendo que seus filhos aprendessem a valiosa lição da não precipitação nos julgamentos, os enviou para uma terra onde havia muitas árvores. Mas ele os enviou em diferentes épocas do ano. O primeiro filho foi no inverno, o segundo na primavera, o terceiro no verão e o mais novo foi no outono.

Quando o último deles voltou, o pai os reuniu e pediu que relatassem o que tinham visto. O primeiro filho disse que as árvores eram feias, meio curvadas, sem nenhum atrativo. O segundo filho discordou e disse que na verdade as árvores eram muito verdes e cheias de brotinhos, parecendo ter um bom futuro. O terceiro filho disse que eles estavam errados, porque elas estavam repletas de flores, com um aroma incrível e uma aparência maravilhosa! Já o mais novo discordou de todos e disse que as árvores estavam tão cheias de frutos que até se curvava com o peso, passando a imagem de algo cheio de vida e substância.

Aquele pai então explicou aos seus filhos adolescentes que todos eles estavam certos. Na verdade eles viram as mesmas árvores em diferentes estações daquele mesmo ano. Ele disse que não se pode julgar uma árvore ou pessoas por apenas uma estação ou uma fase de sua vida. Ele explicou que a essência do que elas são, a alegria, o prazer, o amor, mas também as fases aparentemente ruins que vêm daquela vida só podem ser medidas no final da jornada quando todas as estações forem concluídas.

Se você desistir quando chegar o "inverno", você vai perder as promessas da primavera, a beleza do verão e a plenitude do outono. Não permita que dor de apenas uma "estação" destrua a alegria de todas as outras. Não julgue a vida por apenas uma fase. Persevere através dos caminhos dificultosos e épocas melhores virão com certeza!

Assim como as estações nos despertam e nos alertam para nos vestirmos adequadamente, o tempo de Deus também passa por estações em nossa vida. Nem sempre é tempo de sair, existem épocas em que você precisará ficar do lado de dentro, escondido, e se preparando para a próxima estação. E existe uma beleza em cada estação que vivemos, mas é preciso identificá-las para que essas belezas sejam aproveitadas.

É necessário também entender que tipo de resultado Deus está requerendo de você. Pois quando não se entende o que Deus quer, faremos tudo, menos o que Ele espera de nós. Para entender que tipo de resultado Ele espera, precisamos entender quem somos. Para entender quem somos, precisamos entender quem Ele é. E para entender quem Ele é, precisamos conhecê-lo através de um relacionamento com Ele.

Capítulo 6

INFLUÊNCIA DE PESSOAS

"Somos o resultado de experiências positivas e negativas provenientes das relações interpessoais e circunstâncias que colecionamos ao longo de nossa existência." (Ieda Carolina)

É certo que a vida é composta de pessoas; pessoas que nos moldam em quem nós somos. A forma com que as pessoas falam, a forma com que as pessoas se comportam influenciará a nossa fala e o nosso comportamento. As pessoas não só influenciam na nossa maneira de viver e nos relacionar, mas elas também têm um poder de nos fazer caminhar ou parar.

Você pode caminhar por anos e não sair do lugar, pois pode estar caminhando em círculos sem se dar conta, isso pode estar acontecendo por conta das pessoas com as quais você caminha.

PESSOAS, CONVIVÊNCIA E INFLUÊNCIA

É comprovado que você se torna parecido com a cinco pessoas mais próximas com quem você convive. Por isso você deve analisar bem as pessoas que estão ao seu redor, as pessoas com quem você senta na mesa, as pessoas que você traz até a sua casa, as pessoas com as quais você abre o seu coração, as pessoas em quem você confia, e as pessoas a quem você dá autoridade para te dar direção.

A falta da pessoa certa na sua vida pode te fazer não viver com um propósito e um destino, pois só a pessoa chave será capaz de identificar em você o seu propósito, treinar você para ele, apontar o caminho, ligar as pontes, fazer a conexão certa, e te dar as ferramentas nas quais você irá precisar usar durante a sua trajetória de vida.

Não se engane, todas as pessoas que fazem parte da sua vida estão te influenciando em algum nível.

Você não deve pensar que pode fazer certa conexão com alguém somente por um período de tempo, mesmo que esse período seja bem curto, e achar que essa pessoa não vai ter algum tipo de influência e poder sobre a sua vida.

Todas as pessoas possuem um nível ou grau de influência, e essa influência pode ser positiva ou negativa, construtiva ou destrutiva. E essa influência pode te levar a colher frutos de vida ou frutos de morte.

RELACIONAMENTOS

O ser humano precisa se relacionar, o ser humano tem a necessidade de socializar, de se comunicar, de trocar informações, de compartilhar experiências de sucesso e dificuldades , e é nessa troca de informações que se desenvolve um relacionamento, nessa troca que você recebe um pouco de com quem você se relaciona e também entrega um pouco para com quem está se relacionando.

Então precisamos cuidar muito do nosso círculo de amizades e pessoas com as quais convivemos diariamente, pois essas pessoas estão compartilhando a sua história de vida.

Por isso é necessário termos sabedoria ao relacionarmos uns com os outros. Não é inteligente repartir aquilo que é de muita intimidade para você com um grande grupo de pessoas, pois somente aqueles nos quais você tem muita confiança devem saber daquilo que é íntimo do seu coração.

Você precisa escolher as pessoas certas e buscar direcionamento de Deus para se relacionar.

Pessoas podem também nos dar direção e, para cada estação da nossa vida, Deus vai trazer um certo tipo de pessoa específico para o momento que você está vivendo.

Se, por exemplo, você estiver tendo dificuldade financeira, você precisa buscar ajuda em quem pode te dar uma direção nessa área, alguém que pode te educar se necessário, alguém que tem mais experiência que você nessa área, e alguém que já venceu os obstáculos que você está encontrando nessa área.

BUSCANDO AS PESSOAS CERTAS

Se você precisa de ajuda emocional, você também precisa encontrar um profissional nessa área que vai poder te ajudar, te direcionar, e falar para você a verdade que você precisa ouvir.

Na maioria das vezes, nós não investimos na área na qual temos a maior necessidade de ajuda, e fazemos a escolha errada de compartilhar essa dificuldade com alguém que não pode nos ajudar, que nos dará conselhos errados, que não nos ajudará a sair do lugar, e que muitas vezes podem nos desanimar com palavras, nos destruir, nos fazer parar ou até mesmo voltar pra trás.

Existirá períodos da nossa vida, que nós precisaremos buscar as pessoas certas, pessoas capacitadas, que tenham condições e disponibilidade em nos ajudar durante esse período de necessidade.

Buscar ajuda é de extrema importância, pois você precisará fazer a conexão certa durante aquele momento que você estiver vivendo, pois essa conexão definirá como você irá resolver esse problema com sucesso.

Muitas vezes, diante de um problema, nós podemos tanto resolvê-lo ou agravá-lo; e isso dependerá primeiramente de você, e da pessoa que está com você nesse processo de solução para esse problema.

Eu, como profissional na área de saúde mental, atendo pessoas diariamente que têm necessidade em alguma área, seja ela emocional, mental, profissional, financeira, familiar; nem sempre as pessoas conseguem identificar a necessidade de buscar alguém que os possa ajudar a resolver o problema; e por isso essas pessoas nunca resolvem o problema, mas carregam o problema por anos e chegam até a culpar alguém por terem aquele problema; mas não são capazes de entender que eles são os principais responsáveis para a solução do problema.

Existem pessoas que passam a vida inteira trabalhando arduamente mas não conseguem fazer economias para obterem estabilidade financeira; pois gastam tudo o que ganham e não possuem um plano ou um orçamento de suas finanças, por isso elas vivem sem dinheiro suficiente: um dia elas têm muito, e no outro dia elas não têm nada. E esse desequilíbrio será responsável por esta instabilidade.

A única coisa que essa pessoa precisa fazer é identificar a dificuldade e buscar ajuda profissional na área, para que ela venha aprender a lidar com o dinheiro, para que ela venha construir um futuro estável, futuro esse que também envolve a sua família.

Em vista da importância que as pessoas têm em nossas vidas e a influência que elas causam em nós, surge a pergunta: como identificar as pessoas certas?

Para identificar as pessoas certas precisamos avaliar em que nível essas pessoas estão e em qual área das nossas vidas elas estão ligadas.

Por experiência, posso dizer que muitas pessoas se machucam por buscarem pessoas erradas, por confiarem em pessoas erradas, por compartilharem informações com pessoas erradas, e isso as fere, e muitas vezes as fazem desistir da caminhada com Cristo, pois elas não entendem que pessoas estão sujeitas a errar.

Quando isso acontece, a pessoa pode até piorar e criar feridas ainda maiores, por terem compartilhado algo íntimo com quem não tinha capacidade nem lealdade com a informação compartilhada. Por isso, sempre sugiro as pessoas procurarem alguém, de confiança, de preferência um profissional que segue códigos de ética.

PESSOAS CERTAS E PESSOAS ERRADAS

Se, por exemplo, você está passando por alguma dificuldade emocional, não seria muito inteligente contar a sua dificuldade para alguém que tem o mesmo problema que você, pois essa pessoa não venceu essa área, então ela não pode te fazer avançar ou te dizer o que fazer.

Se essa pessoa é um amigo (a) com o qual você tem intimidade e relacionamento talvez você pode encontrar nessa pessoa um ombro pra chorar ou desabafar, e isso não está errado, mas a solução do seu problema você não encontrará nessa pessoa; alguém que tenha capacidade e experiência nessa área precisará te ajudar.

Se você não está tendo resultados e não está passando de fases nas dificuldades que você tem, isso pode significar que você não está buscando resolver o problema, e sim está somente falando do problema e desabafando; isso nunca trará solução, e na maioria das vezes, trará cansaço e frustração.

Nunca faça comentários sobre algo íntimo para você em uma roda de amigos ou em uma ocasião onde você estará expondo em público aquilo que deve ser mantido só para você ou que só alguém íntimo pode conhecer. Quando você faz isso, você está protegendo o que é de valor para você, e não expondo para pessoas estranhas o que talvez elas não valorizam e não entendem.

Só fale daquilo que é importante para você a alguém que entende o valor que você dá para isso. Muitas pessoas só conhecem quem você é hoje e não conhecem a sua história, por isso elas talvez não venham a entender as suas conquistas.

Se alguém não conhece você, esta pessoa também não celebrará você. Por isso é tão importante você ter o discernimento e sabedoria antes de compartilhar algo que você tenha que proteger.

Isso é algo muito importante que você precisa sempre se lembrar e aplicar em seus relacionamentos. Se alguém não tem maturidade ou estrutura para lidar com algum tipo de informação que você está compartilhando, essa pessoa pode causar um estrago na sua vida por falta de sabedoria ou por falta de experiência. Então, o trabalho de proteger a si mesmo é totalmente seu.

A responsabilidade de guardar o que é de valor para você não é da outra pessoa, esse trabalho é seu.

Pagamos um Preço por Escolhas Erradas

Na minha caminhada durante os anos, eu também fiz escolhas erradas em compartilhar informações que não deveriam ter sido compartilhadas naquele momento com aquela pessoa, e isso serviu para ensinar que nem todos estão prontos e preparados para ouvir o que você tem a dizer.

Alguns, além de não terem preparo suficiente, idade suficiente, e maturidade suficiente, também não possuem espiritualidade no nível em que você está e essa falta de espiritualidade vai fazer com que essa pessoa trate a informação na qual você compartilhou com ela de forma indevida, que pode trazer muitos danos e perdas irreparáveis.

Após ter entregado a liderança que exercia, passei por um tempo muito difícil de aceitação do tempo no qual estava vivendo, tempo esse de renúncia, de obediência e de silêncio.

Precisei pagar o preço, aprendi a não compartilhar tudo com todos. Precisamos ter cautela ao compartilhar informações, pois essas informações são sua vida, e sua vida é muito preciosa e precisa ser valorizada, e o primeiro a se dar esse valor é você mesmo.

E o mais importante é não cometer os mesmos erros. Então, aprender com os próprios erros é essencial, pois eles precisam te levar para um outro nível de entendimento, nível esse que vai preservar você, que vai proteger você e te blindar de sofrimentos.

Isolamento

Nesse tempo, eu me isolei completamente de pessoas, e algumas também se afastaram por não entender o meu tempo e a minha renúncia.

Esse tempo foi composto de dias angustiantes, solitários e incompreendidos. Nesse tempo eu não tive pessoas ao meu lado, com exceção de poucos que ainda permaneceram, bem poucos que eu podia contar nos dedos de uma mão.

Nem todo isolamento vem para te maltratar, te fazer sofrer ou te desanimar. Existem isolamentos orquestrados por Deus para que Ele fale com você e para que você se conheça melhor.

Maturidade espiritual é lugar de solidão.
(Apóstolo Luís Hermínio)

Muitas pessoas não gostam da ideia de isolamento porque não conseguem conviver com elas mesmas. É aí que o isolamento é necessário, pois por mais que seja doloroso, ele serve como ferramenta de autoconhecimento e conhecimento de quem Deus é.

Quando estamos rodeados de pessoas, temos pouco tempo para Deus e para nós mesmos. Pessoas muito atarefadas, com muitos compromissos, muitas responsabilidades, quase não têm tempo para uma leitura de um livro, ou uma meditação, e pouco se conhecem. E isso não é bom, pois precisamos nos conhecer para sabermos quem somos, no que somos bons e no que não somos.

Quem não sabe ficar sozinho, não sabe lidar consigo mesmo e depende de outras pessoas para ficar bem. E isso é um problema, pois nem sempre as pessoas estarão disponíveis. Com certeza muitos de nós já vivemos momentos de solidão, buscamos alguém e essa pessoa não pôde nos atender; esses são momentos propícios para um encontro com nós mesmos e também com Deus. Ele nos isola com um propósito, Ele tem seus caminhos, e nós precisamos identificá-los e usá-los para um benefício.

DEUS USA PESSOAS

Após um longo período ter passado, Deus trouxe outras pessoas, pessoas sábias, de confiança, pessoas intercessoras e profissionais na área de saúde mental. Quando essas pessoas chegaram eu senti que foi um direcionamento divino para o momento que estava vivendo. Essas pessoas foram responsáveis pelo meu resgate de onde eu estava e permaneci por um período de um ano e meio.

Antes que essas pessoas chegassem, eu recebi algumas palavras de Deus que vieram de pessoas que não tinham conhecimento do meu estado atual.

Essas palavras recebidas continham direcionamento para os próximos passos que eu deveria tomar. Essas palavras também falaram sobre perdão e reconciliação, e Deus disse que no tempo dele Ele faria as coisas acontecerem.

Em um período de um mês, recebi três palavras de direcionamento que foram entregues por três pessoas diferentes. A primeira palavra falou sobre perdão, a segunda falou sobre um novo tempo e a última palavra falou sobre preparo.

VOLTANDO A SONHAR

Nesse período de um mês eu também fui visitada em sonhos, e nesse sonho eu recebi direcionamentos sobre quais tipos de pessoas eu deveria buscar para o próximo tempo que eu iria viver.

Após receber esse sonho, eu orei e pedi a Deus que me orientasse em quem buscar e então Ele permitiu situações que me fizeram encontrar com essas pessoas.

No sonho Deus me falou sobre três tipos de pessoas que eu precisava ter: um líder espiritual, um profissional de saúde mental cristão e um coach cristão.

Essas pessoas foram chaves que abriram portas para lugares que eu não tinha acesso. Elas abriram portas para o caminho do perdão, da reconciliação e do entendimento.

Essas pessoas foram pontes que me conectaram, que fizeram uma ligação com as promessas que eu tinha recebido de Deus desde muitos anos atrás, o tempo de preparação que eu passei e o meu destino.

A partir de então, meu entendimento abriu e eu consegui ver e entender o porquê de situações, de renúncias, do tempo de silêncio, e de isolamento.

Entendi que tudo contribuiu para o meu crescimento e despertamento para os planos de Deus para minha vida, e o que eu precisava fazer para chegar a vivê-los.

Por isso que a conexão com a pessoa certa em sua vida é tão importante.

Sem essas pessoas, eu ainda estaria presa às mentiras em que eu acreditei ao passar por dias difíceis. Eu ainda estaria presa em meus próprios pensamentos e crenças limitantes.

A pessoa certa te faz ver que mesmo ante à desvantagem você ainda pode extrair algo positivo que servirá de ensinamento. Que mesmo diante da dor de uma perda, você ainda pode encontrar esperança na promessa do que está por se concretizar. Que mesmo ante ao desprezo você não perde o seu valor. Que mesmo diante do tempo que está passando e aparentemente você sente que está perdendo tempo, as oportunidades ainda virão no tempo certo. Que mesmo diante das portas fechadas, você entende que outras portas se abrirão e você entrará por elas.

PESSOAS CERTAS CURAM FERIDAS

A pessoa certa tem capacidade de curar a sua ferida, estancar o sangue, lhe dar um remédio, segurar em sua mão, oferecer um ombro, te dar direção, esperança, te levantar de um lugar estéril e te levar para um lugar onde você vai gerar vida.

Se conecte com essas pessoas. Faça aliança com essas pessoas. Valorize essas pessoas. Ame essas pessoas. Essas pessoas existem para cada um de nós. Deus tem essas pessoas ao seu redor, mas você precisará identificá-las, estar disposto a ouvi-las e ser discipulado por elas.

A pouco tempo, eu li o seguinte livro do Pr. Tiago Brunet: *Especialista em pessoas*. Nesse livro eu aprendi que algumas pessoas vão te ferir, mas outras vão te curar. E isso vai além de um relacionamento de amizade, pois a cura ou a ferida que a pessoa te causa vem do lugar onde ela se encontra. Precisamos entender que pessoas carregam consigo uma história, que dá a elas significado em suas vidas, que moldam sua visão e sua perspectiva.

Com isso, é necessário entender que cada um tem uma perspectiva da vida. Se essa pessoa, por exemplo, viveu algo traumático em sua infância, um abuso, um abandono, um evento traumatizante, ela verá a vida sempre com essa perspectiva negativa, e isso faz com que ela interprete a sua história a partir da visão que ela tem.

Tendo isso em mente, entendemos o porquê de certas pessoas nos curarem e outras ferirem, com o seu modo de ser, agir ou falar.

Por isso é importante saber caracterizar as pessoas em sua vida, para que você não as dê um poder que não cabe a elas ter.

Capítulo 7

A DESCONTRUÇÃO

"Deus despejará tudo o que você tem antes que lhe dê o que é dele". - C.H. Spurgeon

Deus ama nos desconstruir, e Ele faz isso para nos refazer, nos recompor, nos limpar, nos curar e nos voltar ao estado original.

O PROCESSO DA DESCONSTRUÇÃO

Eu não sabia o quanto essa frase é real e precisa ser entendida. A partir de quando entendi, o processo da desconstrução começou em minha vida. Foi difícil deixar a desconstrução acontecer, porque estava muito apegada ao que já tinha sido construído por mim mesma, e eu achava ter feito um ótimo trabalho, construindo do meu jeito, do meu modo e no meu tempo. Realmente passei anos construindo, planejando, e formando o que aparentemente estava bom para mim, e para outros que olhavam de fora.

Até que percebi que a fundação não estava muito firme e uma casa sem fundação, sem base, não pode suportar muito tempo, e logo desabará.

Como a palavra de Deus diz:

"Mas quem ouve estas minhas palavras e não as pratica é como um insensato que construiu a sua casa sobre a areia. Caiu a chuva, transbordaram os rios, sopraram os ventos e deram contra aquela casa, e ela caiu. E foi grande a sua queda" - Mateus 7:26-27.

A queda da casa construída sem base firme é avassaladora. Não queira construir algo sem antes formar, estabelecer e enraizar o que é de mais importância - a base. A base fala de valores, fala do que é importante, do que é essencial. Nada pode permanecer sem estar estabelecido no que é firme e seguro.

Nenhuma revelação é mais importante que a base. Nenhuma promessa é mais importante que a base. Nenhuma ocupação é mais importante que a base. Nenhum cargo ou ministério é mais importante que a base. Na verdade, sem base, nenhuma ocupação, cargo ou ministério prevalecerá. Ele pode até crescer por um tempo, mas uma dia virá a ruínas. Pois nada que não tenha uma raiz pode permanecer em pé.

O MINISTÉRIO DA CASA

Um ministério não pode tomar proporções extensas que alcançam outros povos e nações, sem antes alcançar os de perto, os de casa, os da família.

Nenhum homem ou mulher que tenha um ministério pode abençoar outros, sem antes abençoar os de casa. Se ocupar com os de fora, sem se ocupar com os de dentro não é vantajoso, não é glorioso, e não pode ser considerado como sucesso. Não existe sucesso sem compromisso com a família.

Eu entendi essa verdade quando entreguei meus cargos na igreja. Muitas vezes, ou melhor, na maioria das vezes, entrar para um ministério exigirá muito serviço, muito esforço, muita responsabilidade da sua parte, e isso te ocupará ao máximo, e te deixará quase sem tempo algum para você mesmo e para sua família. E isso te colocará em desvantagem.

Não vejo vantagem alguma em ganhar status e nome fora de casa, se os que estão morando em sua casa não conhecem você, e não têm tempo de qualidade com você. Realmente não vejo ganho nisso. Ao contrário, vejo que você sai perdendo, perdendo contato e intimidade com os que deveriam ser mais íntimos e próximos de você.

Pude entender isso e retomar o que deveria ser mais importante e prioridade para mim: minha família.

Foi tão maravilhoso ter tempo com eles, ter tempo de mesa, tempo de lazer, tempo de conversa, de devocional, de oração, de risada… enfim, tempo de qualidade.

Pude aprender tanto, crescer tanto em conhecimento de quem eles são, o que gostam, o que pensam, o que sentem. E isso eu não tinha antes, pois o tempo era muito limitado, o tempo era contado, pois me dedicava mais ao ministério.

Até hoje, sei que isso acontece dentro das igrejas; e para falar a verdade, é difícil controlar isso, mas não é impossível. Eu imagino a demanda de um pastor presidente de uma igreja, por exemplo, com tantas obrigações, tantos compromissos com os membros, com os cultos, com a preparação de sua mensagem. Eu sei o quanto isso consome nosso tempo, mas viver dia após dia sem fazer um balanço não é saudável. Até o mais ocupado no ministério, ou melhor, inclusive o mais ocupado precisa organizar seu tempo, para que ele consiga ter tempo para todas as coisas importantes.

Pois eu tenho certeza que Deus não se agrada de sacrifícios de tolos, servindo a todos e negligenciando os de casa. Eu tenho a plena convicção que não há ganho nisso.

Então, se você que está lendo esse livro anda muito ocupado em seu ministério, eu quero te dizer que eu te entendo, eu sei exatamente como é. Eu sei que Deus te chamou, que você tem um dom que Ele colocou em você ao te criar, mas Ele não pode te perder para o trabalho excessivo. Ele não te deu uma família para ser criada com babás, com programas de televisão, com tutores e mentores que estão ocupando o seu lugar. Ele não te deu uma família sem colocar um propósito nisso.

Então, é necessário que você pare, analise, faça um balanço de como estão as áreas da sua vida, e quais estão sendo afetadas por sua falta de tempo. Após fazer essa análise, organize seu tempo de serviço para o ministério, se for preciso, converse com o seu líder e o deixe saber como isso está te afetando. Se for preciso, também, busque um profissional na área para te ajudar a organizar e priorizar. Isso é de extrema importância, pois a sua vida precisa estar organizada, e não completamente tomada pelo seu trabalho. Tenha certeza, Deus te quer vivendo o seu propósito, mas Ele não te quer fazendo isso às custas de sua família.

Eu sei que existem sacrifícios a ser feitos no ministério, mas nenhum sacrifício pode colocar em risco a sua casa. Isso seria sacrifício de tolo. Nenhum sacrifício deve levar você à falência, à destruição. O sacrifício precisa ser consciente e responsável. Ele não pode ser impensado e inconsequente. Não! Tudo que é inconsequente pode te trazer perdas, dores e muito arrependimento.

Pense um pouco sobre isso. Pense mais em sua família, nas pessoas que você ama, nas pessoas que estão sob a sua responsabilidade, e responda para você mesmo se você está dando o seu melhor para eles, se eles estão tendo tempo suficiente com você, se eles são a sua prioridade.

Caso a sua resposta te deixe a desejar, é hora de reavaliar suas prioridades. É hora de tomar uma atitude em relação à forma como você está usando o seu tempo.

PARE!

Quando a desconstrução deu início, a primeira coisa que precisei fazer foi parar. Precisei entregar meu cargo de liderança do ministério de louvor, onde fiquei sete anos liderando. O grupo estava composto de vinte e cinco pessoas na época, tínhamos construído uma história juntos, história de sonhos e conquistas, de trabalho árduo, de comunhão, éramos família. Foi difícil tomar a decisão de deixar tudo, pois tínhamos um vínculo com as pessoas, e estávamos acostumados e confortáveis com o que estávamos vivendo. Vivemos tempos difíceis, mas também vivemos tempo de vitórias.

Eu sempre tive a visão de fazer discípulos, de treinar as pessoas, fazê-las reconhecer seu potencial e desenvolvê-lo. Com isso, sempre incentivei as pessoas a se esforçarem e se empenharem em seu ministério, para darem o seu melhor, para crescer e exercerem seu chamado com excelência. Eu sempre dizia: cada um tem um chamado, e é responsável por ele, então não se esconda atrás de uma posição de destaque, mas desenvolva o que Deus tem para sua vida.

Essa forma de liderar ajudou o grupo a crescer e se desenvolver por si próprio, sem a necessidade de ter uma única pessoa responsável por todas as ministrações. E foi gratificante ver as pessoas se descobrindo, aprendendo e se desenvolvendo. Essa era minha maior alegria, tinha prazer em ver as pessoas exercendo seu chamado.

Quando escutei o Espírito Santo me dizer pela primeira vez: "Deixe tudo!" Eu me lembro estar no púlpito da igreja, ministrando ao povo, e enquanto eu estava ministrando eu o ouvi falar. Naquele momento, eu quis acreditar que não era Ele que estava falando comigo, eu quis acreditar que era algo da minha mente, ou que podia até ser o diabo, tentando me fazer parar ou querendo me humilhar.

Terminei a ministração, e sentei do lado em uma escada, e após terminar o culto eu recebi uma confirmação, uma irmã veio até mim e me desse: "Deixa tudo!" Então, entendi que quem tinha falado comigo era o próprio Espírito Santo.

Mesmo assim, não foi fácil receber essa instrução duas vezes na mesma noite. Me lembro de sair após o culto e conversar com uma pessoa sobre o que tinha ouvido, ali naquele momento eu abri o meu coração e chorei muito, pois estava entendendo que o que o Espírito Santo queria de mim seria algo muito difícil de entregar.

Me recordo daquela noite, foi difícil dormir, foi difícil pegar no sono, pois só o que vinha na minha mente era a palavra, e aquela palavra já estava me confrontando, e eu já estava sentindo que precisava tomar uma decisão e que não poderia demorar muito. Sentia aflição só de pensar como seria a minha vida sem estar ativa, e fazendo algo. Antes mesmo de entregar, já sabia que seria muito difícil pra mim.

Então, os dias foram se passando e o Espírito Santo me lembrava da palavra de entrega e de obediência. Foram várias situações em que ele usou pessoas, me deu sonhos, visão, e uma forte necessidade de entregar. E esse sentimento não estava sendo provocado por mim mesma, mas sim por Ele. Dentro de mim, era uma guerra sem fim, pois eu lutava todos os dias contra aquele sentimento, pois ele me confrontava a tomar uma decisão que eu não queria tomar.

Eu olhava para mim entregando tudo, e não conseguia ver o que seria do futuro sem estar exercendo aquilo que eu fiz por muitos anos. Eu achava que aquilo era a minha vida, era o meu mundo, era o que me definia, que me dava importância e valor. Eu não conseguia me ver ausente dos púlpitos, ausente de estar na frente, de estar conduzindo pessoas, de estar ministrando para pessoas. Eu não me via sentada no banco da igreja sem subir as escadas do púlpito. Me ausentar seria muito estranho e avassalador.

Então o processo de desconstrução começou. A voz do Espírito Santo que me pediu obediência vinha sempre a minha mente e ao meu coração e todas as vezes que isso acontecia eu sentia que tinha que tomar uma decisão.

FALANDO COM OS LÍDERES

Então, mesmo com muita dificuldade, eu entrei em contato com meu pastor, meu líder espiritual para que eu pudesse deixá-lo saber o que estava acontecendo.

Me lembro muito bem desse dia. Nós conversamos dentro do templo da igreja, e enquanto eu falava com ele sobre a decisão que precisava tomar, eu olhava para o púlpito e sentia uma dor muito grande por saber que não subiria ali por tempo indeterminado.

Após minha conversa com ele, ele me deu a sua bênção e disse que quando Deus nos pede para entregar algo, Ele tem algo maior para nos entregar, mas antes Ele pede obediência e renúncia; e nem sempre isso é o que as pessoas querem fazer.

Eu me lembro de todas as palavras que ele me disse naquele dia e até hoje elas me servem de esperança para o que está por vir. Me lembro que ele disse que, às vezes, nós precisamos andar na contra mão e fazer algo que muitos não entendem, mas que quando estamos debaixo de uma palavra, precisamos obedecer.

Saí daquela conversa com a bênção do meu pastor, mas com o coração em pedaços por ter entregado o cargo. Saí dali sabendo que a obediência foi necessária mas eu estava completamente perdida por não saber o que estaria por vir.

Me lembro de entrar no carro e chorar, chorar, chorar; chorar muito. Minha mente estava confusa, meu coração partido e meu espírito muito quebrantado. E eu fiquei ali por uns momentos, sozinha, no silêncio, somente pedindo a Deus graça e força pra suportar a ausência de entendimento daquele momento. Eu realmente estava muito confusa e me sentia sem direção.

Após ter ficado no carro por um tempo eu sabia que tinha que ir para casa, mas não tinha vontade de fazer coisa alguma; fiquei muito desanimada, mas saí com o carro e voltei para casa.

Me lembro que aquela noite foi outra vez muito difícil pra pegar no sono e descansar; pois eu estava muito inquieta.

Eu ainda tinha muito trabalho pela frente, ainda tinha que comunicar a minha decisão aos outros líderes e também aos meus liderados. Só de pensar eu sabia que seria difícil enfrentar essas situações, mas era necessário.

Então, me comuniquei com os devidos líderes e os comuniquei da minha decisão, a razão por ter que tomar aquela decisão, e como estava meu coração a respeito.

Após ter feito isso, reuni todos os meus liderados e os comuniquei sobre o que precisava fazer.

Me recordo muito bem que foi uma noite muito difícil, talvez uma das noites mais difíceis que já tive, pois nada daquilo naquele momento fazia sentido para mim, eu estava tomando aquela decisão somente por um motivo: obediência.

Lembro-me que saí dali com coração partido e muito abatida. Entrei no carro e no caminho de casa eu chorava e soluçava, era difícil até para respirar. Lembro-me que por ter comunicado da minha decisão com uma amiga e também intercessora, ela se ofereceu para ir até a minha casa naquele dia por saber que seria um dia difícil. Então, após ter chegado em casa, essa amiga também chegou e ficou comigo por horas dentro do meu escritório e me lembro que foi muito difícil usar palavras naquele momento, pois naquela noite eu só tinha lágrimas. Essa amiga muito me abençoou naquela noite, orou por mim, me abraçou, me escutou, ofereceu um ombro amigo, e me trouxe palavra de esperança.

UM DIA APÓS O OUTRO

Os dias foram se passando, os meses se passaram e lembro-me que no período de dois meses após ter tomado essa decisão, estive a ponto de entrar em depressão, era difícil viver sem uma ocupação, sem ter algo para "fazer". Tudo era muito novo para mim, e não saber o que estava por vir me trazia muito medo e angústia. Mas eu dei continuidade aos meus afazeres domésticos, ao meu trabalho, à minha profissão, e voltei o foco para minha casa, pois ali eu precisava ser quem Deus me chamou para ser. Ali eu não tinha que me vestir de forma produzida, ou me maquiar, ou manter uma aparência, ali era o lugar onde eu fui mais testada como pessoa, como adoradora, e como alguém chamada para fazer a diferença dentro do lar.

Vivi dias intensos, onde eu lutava contra meus pensamentos que a todo tempo me lembravam de quem eu era, do que eu fazia, e que naquele momento eu não tinha nada mais daquilo, e que estava me tornando uma outra pessoa. Não foi fácil admitir para mim mesmo que o meu ministério estava me levando distante de quem eu deveria ser, de quem eu fui chamada para ser, do que eu fui criada por Deus para ser.

Na minha casa, nos meus afazeres de todos os dias eu descobri que eu poderia cantar, adorar, viver em harmonia, usar a minha língua para abençoar, ter tempo de qualidade em família, e usar as minhas qualidades e dons não para abençoar os de fora mas os de dentro.

Dia após dia eu aprendi que em casa eu poderia colocar em prática tudo que eu aprendi durante anos mas só conseguia colocar em prática da porta para fora e não da porta para dentro.

Vivi meus dias com mais qualidade, com mais tempo, sem correria, sem preocupações com horários, sem fazer agenda, sem fazer compromissos de estar em outros lugares, eu pude sentar na mesa, preparar uma refeição, e me dar conta que a minha casa era o meu ministério, que ali eu fui chamada para ministrar, a minha casa era o meu público, com aplauso ou sem aplauso, Sem holofotes, sem produção, eu me encontrei e identifiquei que ali estava o meu valor e que ali deveria estar meu coração.

O SEU VALOR NÃO ESTÁ NOS LUGARES ALTOS

Sabe, os lugares altos, iluminados, cheios, agitados e produzidos podem nos trazer um falso sentido de valor.

Esses lugares são propícios para nos corromper, e creia, eles podem te levar para bem longe do propósito.

Eu encontrei muita dificuldade em ir aos cultos nos quais eu estaria ministrando, porque eu não sabia chegar no culto e sentar no banco, eu só sabia subir, eu só sabia liderar, eu pensava que aquilo era tudo, e ir ao culto para assistir era muito desconfortável.

Então diminui as vezes em que eu ia a igreja e comecei a frequentar os cultos que eu não ministrava. Assim conseguia frequentar os cultos sem me sentir inútil, pois esse era o sentimento que eu tinha. O tempo foi passando e eu queria muito encontrar uma ocupação, fiz alguns workshops na área de liderança, na área de inteligência emocional, por ser uma área em que eu trabalho, sempre tive interesse de buscar conhecimento nessa área.

E além de fazer cursos para aprender mais, eu queria dar o meu jeitinho e, quem sabe eu não daria uma ideia para Deus? Talvez, Ele me visse correndo atrás de algo e pensasse que eu estaria pronta para entrar em ação novamente. Mas não, não foi assim. Ele não queria assim. Eu ainda teria que passar um bom tempo do jeito que eu estava - livre de qualquer ocupação.

Foi aí que eu entendi que meu valor não estava no meu serviço, que meu valor não estava na minha ocupação e na minha produção. Eu entendi que o meu valor estava simplesmente no fato de estar viva e de ter sido criada por Ele. Que o que me dá valor é Ele, simplesmente isso. E que por Ele ter me criado, Ele sabia exatamente o que estava planejando fazer e qual é o meu destino.

Nenhum lugar alto, de destaque ou de honra pode se comparar com o valor que você vai receber dEle, quando você entender e se render a Ele.

DEUS FICOU EM SILÊNCIO

Senti que Deus realmente se silenciou, eu buscava respostas, mas não as encontrava. Então parei de perguntar e, consequentemente, parei de buscar, e comecei a me esfriar espiritualmente. Às vezes, buscava por obrigação, fazia aquela oração rápida, fazia um devocional, e achava que estava bom. Nunca perdi o temor, mas já não tinha a paixão por buscar, por me entregar e me derramar. Tudo foi ficando monótono.

Até que um dia eu entrei no quarto e disse a Deus: "eu sei que o Senhor está em silêncio, e é tão difícil não te ouvir, é tão difícil não escutar uma direção ou até mesmo um consolo, mas mesmo sem te ouvir, eu sei que o Senhor me ouve". E eu dizia a ele assim: "Deixa eu ao menos te contar como eu estou, deixa eu ao menos desabafar, deixa eu ao menos chorar aqui, porque eu ando tão carente e dependente e eu sei que por mais que o Senhor esteja calado, eu ainda posso te sentir, e se eu sentir o seu abraço, isso vai me fortalecer para que eu tenha forças para continuar."

Eu falava, mas Ele estava em silêncio. Eu cantava, mas Ele estava em silêncio. Eu chorava, mas Ele estava em silêncio. Eu esperneava, mas Ele estava em silêncio. Eu reclamava, mas Ele estava em silêncio. Eu fui me acostumando com esse silêncio, e entendendo que Deus já tinha falado muito e que agora Ele estava me ensinando a ficar mais em silêncio. O silêncio dEle serviu para me ensinar a ficar bem no silêncio, ficar bem sem ter respostas e soluções.

Sabe daquelas pessoas que não conseguem esperar, não conseguem permanecer, não conseguem perseverar? Então. Deus usa o silêncio muitas vezes para ensinar essas pessoas que nem tudo tem resposta e nem tudo é no nosso tempo e do nosso jeito.

O silêncio de Deus também cura, o silêncio de Deus também ensina, o silêncio de Deus também trata, o silêncio de Deus também é resposta. Basta entendermos que quando Ele se cala, Ele sabe o que está fazendo.

Em uma das noites eu escrevi essa canção para Ele:

Deixe-me desatar as Tuas sandálias
Deixe-me tocar em Tuas vestes
Deixe-me segurar em Tuas mãos
Amado, amado Deus

Deixe-me recostar em Teu peito
Deixe-me tocar em Teus cabelos
Deixe-me olhar em Teus olhos
Para ser curado, curado por Ti
Deixe-me deitar diante do Teu trono
Deixe-me achegar ainda mais perto
Deixe-me declarar o meu amor
Amado, amado Deus

Deixe-me, deixe-me...

FAZENDO CANÇÕES E CANTANDO PARA ELE

E assim passei os dias, indo até ele, e ali eu escrevia canções que sabia que não poderia cantar, mas se eu cantasse para ele, ele estaria ali para me escutar. Eu me lembro de ter um cantinho que eu escolhi pra passar uns dias, eu colocava uma cadeira no canto virada para a parede e debruçava na parede, e às vezes eu não tinha palavras, nem letras de canções que pudessem expressar o vazio e a necessidade de escutar a voz dEle, mas Ele permaneceu em silêncio por muito tempo.

O tempo foi se passando, e eu fui me acostumando com silêncio, e fui me alegrando com silêncio, e fui entendendo que Ele usou silêncio pra me ensinar, e um dia Ele me disse que existiam várias verdade sobre mim escritas na sua palavra e que se eu quisesse eu podia ler, e que se eu acreditasse elas poderiam me mudar e me curar.

Então eu comecei a conhecer várias verdades sobre mim, e comecei entender que tudo aquilo que eu antes sabia sobre mim não eram verdades, mas, sim, máscaras, refúgios, e até mentiras; conforme eu li tantas verdades na sua palavra, comecei a me ver de uma outra forma, eu comecei a ver que Ele me criou de uma forma única, que Ele sonhou com o dia em que eu iria nascer, e que tudo que Ele colocou em mim não era para eu usar, mas sim para desfrutar sem abusar. Eu entendi que Deus não nos dá dons para que nós usemos estes dons como títulos ou rótulos, mas que eles sejam vistos em nós como frutos, e que o resultado não sejam aplausos, mas, sim, transformação em outras vidas.

DONS E BARGANHAS

Quando nós entendemos o propósito dos dons, nós não nos orgulhamos do que temos e não usamos como barganha para obter recompensa pessoal ou financeira.

Quando nós entendemos o propósito dos dons, entendemos que eles não podem nos usar e nos fazer cativos de um trabalho, de um serviço, de uma obrigação.

E Ele ministrava ao meu coração e dizia: "Se fui Eu quem te criou com os dons que você tem, por que você os usaria em algum outro lugar que não seja na minha presença? Por que você só os colocaria para fora se houvesse uma oportunidade? Porque você desperdiçaria os dons para agradecer homens, e não para adorar quem os concedeu à você?" E continuou dizendo: "Minha filha, abra a sua boca em adoração e deixe fluir de você gratidão, deixa o orgulho, a altivez, e deixe que Eu te encha de alegria, de simplicidade e de vida. Por que você quer armazenar dentro de você coisas que não estão te fazendo bem? Por que você não deixa isso de lado e se entrega aos meus cuidados? Eu sou o remédio de que você precisa, Eu estive com você desde o início, antes de você me conhecer Eu já te conhecia. Não tenha medo, deixe ir o que está te aprisionando, se esvazie, mesmo, será melhor para você."

E assim foram muitos dos meus dias, enquanto eu me lançava nEle, Ele me limpava, me curava, me confrontava e me amava.

Quando é que barganhamos com Deus? Quando usamos o que Ele nos deu para nossa própria glória. Usamos o que Ele nos deu para adquirirmos recursos para o nosso próprio desenvolvimento e influência.

É mais ou menos assim: "Jesus, eu canto com o dom que o Senhor me deu, e eu uso isso para me promover, ok?" Estranho, não é mesmo? Mas o chocante é que isso é a realidade da maioria dos ministros. A questão é que nós não paramos para analisar as motivações e intenções do nosso coração. Por isso, vamos caminhando anos a fio sem nos dar conta que estamos barganhando com os dons que recebemos dEle.

Capítulo 8

O ANONIMATO

"Confie no Senhor de todo o seu coração e não se apoie em seu próprio entendimento; reconheça o Senhor em todos os seus caminhos, e ele endireitará as suas veredas." - Provérbios 3:5-6

Sem saber o porquê do meu processo e aparente perda, li os versículos em Provérbios 3:5-6 por muitas vezes. No anonimato eu vivi muitos dias de solidão, de angústia profunda, um sentimento de perda, de dor, de desconstrução.

Não tinha vontade de levantar, e não tinha vontade de trabalhar, e as noites eram ainda piores.

Passei por vários momentos em meu escritório, onde olhava por horas para a parede, às vezes questionava a Deus, e às vezes só chorava. Às vezes não sabia o que iria fazer logo após sair dali. Não tinha um plano, um foco, só sabia que aquele momento era necessário.

Como é difícil manter o controle quando não sabemos o que está acontecendo. Mas isso o Espírito Santo me ensinou, eu não li em nenhum livro, ninguém me deu uma aula, quem se encarregou de fazer isso foi Ele mesmo.

Todas as vezes que eu me sentia inquieta por não saber o que estava por vir, Ele me acalmava e me ensinava que Ele estava no controle, que eu não precisava estar no controle, mas que Ele estava fazendo isso por mim.

Confesso, isso para mim foi o maior aprendizado: me deixar ser guiada por Ele. Quantas vezes quis fazer na força do meu braço, no meu próprio conhecimento, e Ele tão docemente me convidava a perder o controle e entregá-lo a Ele.

Talvez você também esteja assim hoje, querendo tomar o controle de tudo, fazer e acontecer, e eu sei como isso é, você pensa que pode ajudar Deus a fazer a obra dEle. Mas deixa eu te dizer algo: você só precisa se render, nada mais. Pois quando você se rende, você está dizendo para Ele: "faça a Sua vontade, e não a minha".

E eu te asseguro que de início é muito difícil se render, mas conforme vamos fazendo isso, vamos ganhando confiança e intimidade; e isso facilita a nossa entrega.

ATAQUES DE PÂNICO

Por vezes, era difícil até respirar. E, às vezes, parecia estar passando por um ataque de pânico. Era uma incerteza muito grande do futuro, do próximo passo, do que faria, o que seria, e como chegaria a fazer isso.

Creio que o pânico só chega até você quando você está perdido, sem saber onde está a sua confiança.

O pânico só chega onde se falta confiança. Que confia não se desespera. Quem confia não se espanta. Quem confia entende onde está o seu socorro.

Por isso que em minha profissão de terapeuta somos treinados em tratar pessoas que estão passando por um ataque de pânico, e umas das coisas que precisamos falar para uma pessoa que tem um episódio de ataque de pânico é que ela precisa trazer à memória pensamentos bons, pensamentos positivos, para que ela tire o foco do momento de medo e de pânico que está passando. Muitas pessoas não conseguem fazer isso, pois não tem um depósito de memórias boas, então elas não têm como recorrer a memórias que elas nunca construíram ou nunca armazenaram.

Nós, filhos de Deus, sabemos onde está nossa esperança e nossa confiança.

> *"Quando estou com medo, eu confio em ti, ó Deus Todo-Poderoso." - Salmos 56:3*

Quando nossa confiança está em Deus, não existe lugar para o medo.

QUANDO O ANONIMATO É FERRAMENTA DE CURA

Creio que a maior dor de alguém que é ativo é ser posto no anonimato e ter seu serviço retirado, o atuar em alguma área, pois o serviço é o que dá prazer a essa pessoa, e traz um sentimento de recompensa. O ativista só se sente realizado quando vê o resultado, ele trabalha pelo resultado, ele planeja o resultado, ele se alegra com o resultado.

Se você quer realmente tirar o ativista da zona de conforto, retire dele todo seu serviço. Só assim veremos realmente quem o ativista é, e em quem confia, em quem se apoia, de onde vem sua esperança.

Às vezes, sentia raiva, desolação, angústia, tristeza, cansaço. Tinha dias em que sentia tudo isso de uma vez. Era difícil viver em paz, meus pensamentos eram muito acelerados, e não conseguia aguardar na escuridão.

Queria acreditar que tudo que estava passando era para o meu próprio bem, mas às vezes não conseguia, por isso meditava na palavra de Deus. Ela foi meu verdadeiro alimento e refúgio nos dias mais difíceis.

QUANDO O ANONIMATO É FERRAMENTA DE DISCIPLINA

"Meu filho, não despreze a disciplina do Senhor nem se magoe com a sua repreensão, pois o Senhor disciplina a quem ama, assim como o pai faz ao filho de quem deseja o bem." - Provérbios 3:11-12

Tentei não ficar magoada com Deus com essa situação em que estava vivendo, mas por várias vezes me peguei triste com ele, chateada com ele, o questionando e, às vezes, também deixava de buscar.

Foram vários dias difíceis, dias incontáveis de profunda angústia, solidão, incerteza e tristeza. A maioria dos meus dias se resumia comigo dentro do meu escritório, que era o lugar em que eu mais passava tempo, e ali eu passei escrevendo, meditando, e também me escondendo, pois eu não queria encarar a realidade de uma vida fora dos púlpitos, fora do foco, e fora do centro.

Como é difícil para alguém que ficou no centro das atenções por muito tempo, retirar essa pessoa e colocá-la em um lugar no anonimato. O anonimato é um lugar quieto, inerte, sem movimento, sem ruídos, escuro e sem atrativo algum.

Mas o anonimato tem os seus poderes de transformação e de cura. O anonimato tem poder de quebrar alguém, esvaziar alguém, tratar alguém, e esconder alguém para que esse alguém venha a entender que existe um tempo para todas as coisas.

O anonimato nos faz refletir, nos faz olhar para dentro, nos faz desacelerar, nos faz reconstruir, e por mais que, às vezes, o anonimato venha parecer uma regressão, muitas vezes voltar para trás é necessário. Nem sempre andar para a frente é sinal de sucesso quando o caminho está errado. Assim como um GPS recalcula a nossa rota quando estamos em um caminho errado, e nos faz voltar atrás para pegarmos o caminho certo, assim somos nós, às vezes precisamos parar, recalcular, e voltar, dar alguns passos para trás, para termos uma visão certa do caminho a tomar.

O ANONIMATO EXTRAI DE VOCÊ O MELHOR

Outra coisa que o anonimato tem o poder de fazer é extrair de nós o melhor, o melhor perfume, a melhor adoração, o melhor tempo a sós, pois no muito serviço também existe muito cansaço e falta de tempo, isso acontece com muitos ministros, líderes do nosso tempo, pois estão sempre muito atarefados com ensaios, cultos, agendas, reunião de oração, visitas nas casas, reuniões de líderes e demais afazeres concernentes a quem tem um cargo e que precisa que se disponibilizem para cumprir com suas responsabilidades.

E com todas essas responsabilidades, fica difícil entrar para o quarto e fechar a porta, o espírito anda faminto, a alma, sedenta, e muitos ficam à mercê da carne, pois acaba vencendo quem está sendo mais alimentado. E, se o espírito não está sendo alimentado e se a alma não está sendo colocada no lugar, a carne acaba sobressaindo. Que triste coisa é para um ministro espiritual viver de alimento carnal, que triste seria para o ministro subir na plataforma ser ter nada para alimentar uma multidão faminta com um alimento que os satisfaça, que venha a nutrir o espírito. De nada vale um talento que não traz alimento, que não traz vida, e que não traz transformação.

Que sentido tem para um ministro de Deus não viver para Deus e para sua glória? Qual propósito teria um ministro de subir ao púlpito e se esconder atrás do seus dons que, por si mesmos, nada podem fazer? Triste história, mas realidade para muitos dos ministros do nosso tempo, que se esquecem do real propósito.

Dr. Augusto Cury me leva a ter uma visão diferenciada quando disse assim:

"Que você seja alegre mesmo quando vier a chorar. Que você seja sempre jovem, mesmo quando o tempo passar. Que você tenha esperança, mesmo quando o sol não nascer. Que você ame seus íntimos, mesmo quando sofrer frustrações. Que você jamais deixe de sonhar, mesmo quando vier a fracassar."

O ANONIMATO TE LEVA A ADORAR NO SECRETO

Nem todos conseguem adorar no anonimato. Só quem teme e confia em Deus consegue viver no anonimato.

O temor a Deus nos faz entender segredos. Os segredos que estão escondidos em Deus só nos serão confiados quando andarmos em temor.

Salmos 25:14 e 15 diz:

"O Senhor confia os seus segredos aos que temem, e os leva a conhecer a sua aliança. Os meus olhos estão sempre voltados para o Senhor, pois só Ele tira os meus pés da armadilha."

Um dia o Espírito Santo me pediu para adorar sem plateia, sem público, sem equipamentos, só eu e Ele, e eu me apeguei ao versículo de Salmos 59:16 que diz:

"Porque eu cantarei a respeito do Teu poder; de manhã louvarei bem alto o teu amor pois tu tens sido uma fortaleza para mim, um refúgio para os meus dias de aflição."

Eu cantava essa palavra e dizia para Ele: "meu coração sempre terá uma canção de adoração a Ti, Deus. Em todo tempo o Senhor terá o meu louvor, a minha rendição, a minha obediência, eu não deixarei de te adorar diante do que tenho vivido."

Eu falava para Ele: "eu já vi muito para parar onde estou agora, eu sei que o Senhor está no controle de tudo, e eu confio em Ti, por mais que a minha alma chore e esteja aflita, eu sei que o Senhor sabe o que é melhor pra mim, eu não me calarei, eu te adorarei."

Eu sabia que de mim ainda poderiam jorrar rios pois a palavra dEle me dizia assim em João 7:38: *"Rios de águas vivas vão jorrar do coração de quem crê em mim".* Se nosso coração está apegado a Ele, teremos sempre algo para jorrar e para deixar fluir. E esse jorrar não precisa ser em muitas pessoas, ou em multidões, pode ser nos que estão mais próximos, mais perto de nós, como a nossa família que faz parte do nosso convívio diário.

Que possamos deixar fluir de nós um rio de palavras e atitudes que curam os que estão à nossa volta, os mais chegados são os que mais precisam. Que não possamos esperar por grandes oportunidades de sermos vistos no alto com uma palavra que vai abençoar, mas que possamos deixar fluir o tempo todo, para não desperdiçarmos esse rio que sai de dentro de nós.

O ANONIMATO NOS CONDUZ À FONTE DE PAZ

Onde está a nossa paz? Onde está o nosso descanso? Onde está nosso lugar de confiança? Por vezes, nós não sabemos onde está nossa paz, e eu creio que o anonimato nos ensina a localizar essa fonte, esse lugar que é único - Jesus. É nele que está a nossa paz. Do que adianta fazer tanto, correr tanto, ajuntar tanto, se nem paz temos, se andamos de um lado para o outro desorientados e inquietos. Nós precisamos de paz, de sossego, de quietude, e isso só encontramos nEle, não adianta pensar que outros lugares podem nos oferecer o que só Ele tem.

"E a paz de Deus, que ninguém consegue entender, guardará o coração e a mente de vocês, pois vocês estão unidos com Cristo Jesus." - Filipenses 4:7

Quando estamos em paz, nosso coração se tranquiliza e descansa. Não há real descanso sem paz no coração. Nenhum lugar tranquilo, por mais belo que seja, é capaz de te proporcionar a paz que está em Jesus. Você pode ir de férias para a ilha mais maravilhosa que existe nessa terra: sem paz, esse lugar não vai passar de um belo cenário para ser apreciado.

Quando estamos em paz, não buscamos compreender o tempo, mas aceitamos que Ele sabe porque está nos mantendo em um anonimato. Quando estamos em paz, descansamos em seus braços e confiamos que Ele tem o melhor para nós, e por mais difícil que seja o processo, Ele sabe o que está fazendo e porque está fazendo.

O ANONIMATO É FERRAMENTA DE PREPARAÇÃO

Ninguém se prepara em meio à multidão, em meio a ruídos e rodeado de pessoas. Preparação requer silêncio, requer concentração, requer foco. É necessário entender o propósito do anonimato para se extrair algo dele.

O anonimato pode se tornar um lugar de grande aprendizado e preparação, quando aproveitado da maneira certa. É difícil se preparar para qualquer coisa quando estamos distraídos com diversas coisas. O preparo exige foco, e em algumas situações também exige separação. Quando nos separamos, temos uma maior chance de crescimento.

Prosperidade não é ter, é dar. Não é possuir, é entregar. Como é difícil entendermos essa frase quando recebemos desde pequenos que prosperidade é ter muito, é ter de sobra, é esbanjar e se gloriar disso. Não, precisamos entender que prosperidade é ter para compartilhar, é ter para abençoar o outro, é ter para entregar para quem não tem. Que Ele nos ensine cada dia mais o que é ser próspero, e para quê serve a prosperidade.

O lugar de mudança e transformação não é um lugar visível, é um lugar de solidão, de esconderijo, de dor, de desconforto; não é um lugar exposto, ou de destaque; e sim um lugar onde ninguém pode entrar, onde o encontro é direto com o Espírito Santo, e Ele se encarrega de nos tocar, com suas próprias mãos.

O ANONIMATO É ESCONDERIJO

"Tu és o meu esconderijo e o meu escudo; eu ponho a minha esperança na tua promessa." - Salmos 119:114

Quando Ele te faz uma promessa, Ele te esconde. Pois Ele guarda a quem Ele ama, e esconde quem Ele quer usar.

Por falar em esconderijo, eu me lembro da história de Moisés, quando seus pais o lançaram no rio dentro de um cesto, a fim de escondê-lo para que a vida dele fosse preservada. E após ter sido encontrado pela filha de Faraó, ela o devolveu para sua própria mãe para ser cuidado.

Eu sinto que, às vezes, Deus faz isso com a gente. Nos esconde para nos preservar e nos manter vivos. Porque, se estivéssemos expostos, morreríamos em nossos próprios anseios e vontades.

Durante o processo que passei, eu entendi que Ele estava me escondendo e preservando a minha vida. Continuar no ritmo que eu estava me levaria a um lugar onde o destino não era Ele. Então, ele me parou, me escondeu e me ensinou porque estava fazendo isso.

O esconderijo de Deus é o melhor lugar para estarmos. No esconderijo dEle estamos seguros, estamos cuidados, estamos alimentados e nutridos.

O ANONIMATO TE ENSINA DEPENDÊNCIA

Eu achava que dependia dEle para tudo mas, logo de início, quando Ele me pediu para entregar tudo e eu vi o quanto foi difícil fazer isso, que concluí que eu não era nada dependente, na verdade era bem autossuficiente.

E, na maioria das vezes, a entrega vai te ensinar dependência. E quanto mais você entregar, mais se sentirá à vontade para fazê-lo.

No início, questionei muito a saída de ter que entregar, pois eu achava que não era necessário, que Ele podia me ensinar sobre entrega mas manter meus cargos.

Ah, como estava enganada. Você nunca vai aprender algo sem viver a experiência. Nenhum livro vai te ensinar dependência. Você vai precisar a aprender na prática. Foi só após obedecer e entregar que eu aprendi o que era viver na dependência dEle.

Ele me ensinou a ser dependente e confiante quando minhas mãos já estavam vazias, não quando ainda estavam cheias. Será que nós conseguiríamos aprender sobre confiança sem nos lançarmos em seus braços? Será que conseguiríamos ser dependentes sem abrir mão de nossa autossuficiência?

Tenho certeza que não. Ninguém aprende sem viver na pele uma situação. Ninguém! E Ele nos ensina sobre dependência porque sabe que quanto mais Ele nos usar, mais Ele irá requerer dependência de nós.

É simplesmente contraditório viver para Deus e não aprender a ser dependente. Pois todas as nossas fontes de sobrevivência estão nEle, somente nEle. Tudo que for de nós mesmos não é suficiente para nos manter de pé.

Estava terminando a minha formação em psicologia quando entreguei tudo, eu sabia como controlar meus pensamentos, sentimentos, emoções. Mas, mesmo tendo conhecimento na área, eu não consegui me apoiar em mim mesma e no meu próprio conhecimento. Ele foi o meu refúgio, o meu abrigo e a minha força.

Entendo que o conhecimento tem seu lugar e necessidade, e ele pode nos ajudar e muito, mas nunca suficientemente. O conhecimento humano não tem todas as respostas, não tem todas as saídas. Não tem! Nosso apoio total sempre estará nEle, sempre virá dEle.

Capítulo 9

CORAGEM

"Sou arco em tuas mãos, Senhor.
Estenda-me para que eu não perca a utilidade.
Não me estenda além da conta, Senhor, posso quebrar.
Estenda-me além da conta, Senhor e daí se eu quebrar?"
Nikos Kazantzakis

Me lembro de ter lido essa frase há muitos anos atrás em um livro que não me recordo mais qual foi. E essa frase me chamou tanto a atenção, que a anotei em um dos meus cadernos de estudo, e sempre li essa frase com muito temor, e sempre me vinha um sentimento de entrega total, de coragem, para deixar ser quebrado por Deus.

E foi só então, vivendo o processo, que eu entendi a totalidade dessa frase, pois a vivi na pele, todos os dias. Eu deixei Ele me quebrar, para que eu não perdesse a utilidade.

Como é necessário termos coragem para deixar Deus nos quebrar. Pois ser quebrado é doloroso, é desconfortável, e é também deixar de prezar pela beleza do vaso por uma causa maior – a de ser reconstruído por Ele. Quem quer um vaso quebrado? Quem olha para um vaso quebrado? Certamente o vaso quebrado é aquele que fica nas prateleiras do fundo da loja, onde ninguém vai e ninguém vê.

Eu me lembro exatamente das vezes que me senti muito quebrada e esquecida na prateleira. Eu entrava e saía dos cultos sem utilidade alguma, e me sentia invisível. Tão invisível que até as pessoas me davam por invisível também.

E como é difícil estar quebrada, como é difícil manter a esperança quando estamos quebrados. Pois estar quebrado é muito desconfortável, é muito doloroso, é como sentir dor o tempo todo quando sentimos um caco esbarrar no outro sem conseguir se encaixar e permanecer no lugar. É um desconforto que te leva a uma aflição e até desespero.

Estar quebrado é assim, é passar dia após dia sem se encaixar, sem encontrar descanso para seus questionamentos. Como isso é difícil passar. Mas como isso também nos ensina dependência e confiança. Será que não é chegada a hora dEle nos estender? DEle poder nos estender até quebrar? Porque quando somos quebrados é que somos úteis.

Como precisamos de coragem. Como precisei de coragem!!!

Coragem para tomar decisões importantes, que muitas vezes são decisões de vida ou morte. Muitas vezes, temos colhido os mesmos tipos de resultados, porque não temos plantado coragem, e sem coragem não existe recompensa. A obediência requer coragem, e obediência pede que saiamos da zona de conforto. O conforto nos adormece, nos paralisa, nos acomoda, nos atrofia, e assim, não saímos do lugar, não produzimos, e o pior, nos acostumamos com o pecado, com o que está errado e desagradando a Deus.

No início do processo de desconstrução, eu precisei ter muita coragem. Me lembro que o Espírito Santo me pedia coisas, que eu achava absurdas, achava impossível de fazer, e por muitas vezes questionei, pois não tinha coragem de fazer o que Ele estava me pedindo.

CORAGEM PARA ME CALAR

Uma vez Ele me pediu para ficar uma semana sem comunicação com as pessoas, me desligar completamente das redes sociais, chats de mensagens, mensagem de texto, ligações e tudo que envolvia comunicação com as pessoas. Como foi difícil aceitar isso, e obedecer à Sua voz.

De início eu achei ser até uma piada, não queria de jeito nenhum aceitar fazer isso. Mas, Ele não estava de forma alguma brincando comigo, ou me pedindo algo que eu não tinha condições de entregar. Eu tinha condições de entregar, só me faltava coragem para fazê-lo.

Ele me pediu coisas que eu não achava ser necessário, mais Ele sabia o que eu precisava fazer nesse processo, e o que era chave para me refazer por completo.

Após relutar muito, eu entrei nesse propósito de não me comunicar com ninguém por uma semana.

Como foi árduo isso, como foi desesperador e asfixiante. Eu estava tão acostumada em procurar refúgio nas pessoas à minha volta, e sem motivos eu fazia isso, como se elas fossem meu alimento, meu oxigênio e minha paz. Algumas pessoas sim, me faziam bem em ter por perto, e ter aproximação, mas nem todas, muitas eram o motivo de sair do foco, o motivo de errar, de pecar, e de preencher áreas em minha vida que só o Espírito Santo podia preencher.

Eu me lembro que no primeiro dia desse propósito, eu precisei apagar todos os aplicativos que usava para ter contato com as pessoas, todos sem exceção. No primeiro dia, eu não senti muita falta, mas do segundo dia em diante, eu não sabia o que fazer com o tempo que tinha em mãos; tempo esse que estava usando e gastando para me ocupar e me satisfazer da forma que eu bem queria.

Eu precisei aprender sobre coragem. Não ter somente uma ideia do que era coragem, ou cantar sobre coragem, ministrar sobre coragem, mas vivê-la. Fazer exatamente o que me ensinaria o que é coragem.

E, caros amigos, deixe-me dizer quão difícil é ser corajoso. Pois coragem não é só partir para cima, arregaçar as mangas e se esforçar para bater uma meta. Não! Coragem também é necessária quando precisamos abrir mão, entregar, perder. Como é necessário coragem para viver uma total dependência.

REEDUCANDO MINHAS MOTIVAÇÕES

Até que o Espírito Santo começou a ministrar em meu coração o porquê dEle ter me pedido tal coisa. Ele me disse que eu precisava me reeducar, e treinar minhas motivações, pois estava usando as pessoas como refúgio, quando meu refúgio precisava ser Ele.

Eu precisei refazer minha forma de pensar, minhas escolhas, meu foco, como gastava meu tempo, e como as escolhas estavam me distanciando do meu destino.

Houve também um período de tempo em que eu precisei fazer um *detox* com o que eu estava vendo e alimentando a minha mente e emoções. E, nesse tempo, eu me desconectei de redes sociais por um período de três meses. Eu deletei os aplicativos para que não fosse tentada a usá-los durante esse período. O início foi bem difícil e estranho, eu me lembro em sair nos fins de semana, tirar fotos dia lugares que eu visitava, mas não postava as fotos em nenhum lugar, e ao não postar nada, eu também não recebia nenhum feedback das pessoas, pois obviamente elas não sabiam onde estava ou onde tinha ido.

E essa vida um tanto estranha do mundo em que vivemos hoje, onde buscamos o tempo todo exibir o que fazemos, me levou a ver tanta coisa que eu não estava dando conta antes quando estava tão ocupada em fazer postagens. Eu notei que é preciso ter coragem para viver sem almejar ser aceita. É necessário ter coragem para andar na contramão da multidão que está caminhando em direção a serem reconhecidos pelo que fazem ou pelo que conquistam. É necessário ter coragem para viver uma vida simples, sem ostentação e desejo de ser visto o tempo todo. É necessário coragem para se esforçar tanto e não precisar fazer todos terem conhecimento do seu esforço. É necessário coragem para trabalhar em silêncio dia após dia até chegar o tempo determinado por Deus para exposição do que Ele estava construindo.

CORAGEM PARA SER VULNERÁVEL

Existe uma frase que eu li de Brené Brown em um dos seu livros em que ela diz o seguinte: *"Vulnerabilidade não é ganhar ou perder: é ter coragem para se mostrar e ser visto onde você não tem controle do resultado. Vulnerabilidade não é fraqueza, é a sua maior medida de coragem"*.

Em vista desse entendimento sobre coragem que Brené Brown nos traz, nós precisamos dessa coragem, precisamos ter coragem de admitir que estamos errados, que somos humanos, que não temos resposta para todas as perguntas e que não temos controle sobre o tempo.

Essa coragem irá nos levar ao crescimento, ela nos levará a um novo nível de entendimento.

Deus encorajou Josué quando disse a ele:

"Não te mandei eu? Esforça-te e tem bom ânimo; não pasmes, nem te espantes, porque o Senhor teu Deus, é contigo por onde quer que andares" (Josué 1:9).

Se estamos caminhando debaixo de uma palavra, então essa palavra nos sustentará no caminho, ela nos direcionará e nos animará. Mas é necessário coragem da nossa parte.

Muitas vezes, quando deixamos de ter coragem, o medo passa a tomar conta. E o medo mata sonhos, o medo mata a esperança, o medo te adoece, o medo te envelhece, o medo te faz pensar que você não é capaz de fazer aquilo que tem capacidade para fazer. O medo te paralisa, te atrofia e te faz caminhar para longe da promessa.

CORAGEM PARA PERDER

Nem sempre a coragem será para nos elevar. Muitas vezes, precisaremos ter coragem para diminuir, para perder, para sofrer, para morrer. Somente quando morremos em alguma área, teremos vida em outra área. A semente precisa ser enterrada para produzir vida. É necessário ter coragem para ser enterrado por Deus, em um tempo onde todos nós queremos desabrochar e produzir algo que todos vejam e se deslumbrem. É necessário ter muita coragem para deixarmos ser tocados por Deus e moldados por Ele. O toque dEle é o toque que nós mais precisamos e necessitamos. Jó se deixou ser tocado, quebrado, injustiçado, humilhado, desfeito, e envergonhado. Jó sentiu o toque de Deus, Jó se deixou ser testado.

Nem sempre o toque de Deus será para te exaltar, muitos toques de Deus serão para te testar e levar para um lugar de humildade e renúncia. Jó chegou a dizer: *"Nu sai do ventre de minha mãe e nu voltarei; o Senhor o deu e o Senhor o tomou; bendito seja o nome do Senhor"* (Jó 1:21). Jó entendeu que o que ele tinha não era por mérito próprio, mas era dádiva de Deus, por isso ele deixou Deus levar o que era de importância para ele.

Por Jó permitir Deus testá-lo, ele foi acusado como adúltero por seus amigos, foi acusado de ladrão, e também acusado de loucura. Ninguém entendia como Deus estava trabalhando na vida de Jó, e o porquê de tanto sofrimento e dor. Mas Jó se submeteu, e não pecou contra Deus, ele se humilhou, e desceu até o último nível que um homem poderia chegar, até perder tudo o que tinha. Mas, após ser aprovado, Deus restituiu a Jó em dobro o que ele tinha.

Às vezes eu me sentia como Jó, me sentia sendo provada e também me sentia fraca. E eu era alimentada por essa palavra que está em Salmos 73:26 que diz: *"Ainda que a minha mente e meu corpo enfraqueçam, Deus é a minha força, Ele é tudo o que eu sempre preciso"*. Eu declaro todos os dias que Ele é a minha força, pois Ele pode nos renovar, e Ele cuida de nós em tempos difíceis.

Nele estamos seguros, como diz Salmos 34:8: *"Procure descobrir, por você mesmo como o Senhor Deus é bom. Feliz aquele que encontra segurança nele."*

Precisamos entender isso, toda fonte de felicidade está nele, toda fonte de segurança está nele. Nele está tudo que precisamos, mas, às vezes, buscamos em lugares errados porque buscamos nos lugares mais fáceis de acessar. O acesso a Deus é livre, mas nós custa renúncia, obediência, atitude. E para acessarmos o que precisamos dele, precisamos deixar nossas vontades, nossas desculpas e nossa preguiça de lado. A presença dele nos trará recompensa.

Outro versículo em que eu me apeguei muito foi esse que está em Hebreus 10:35 que diz:

"Portanto, não percam a coragem,
pois ele traz uma grande recompensa."

Sem coragem não existe recompensa, sem esforço não existe recompensa, sem sairmos da zona de conforto não existe recompensa.

A CORAGEM EXPULSA O MEDO

Eu tive medo mas, mesmo assim, tive coragem. William Shakespeare tem uma frase que diz: "A coragem cresce com a ocasião". Com isso, eu entendo que a coragem vai subindo de nível assim que tomamos passos em direção ao lugar que devemos ir. Muitas vezes você precisará sair do lugar mesmo com medo, mesmo sem saber o caminho inteiro, mesmo que tudo esteja escuro e sem placa de sinalização.

Eleanor Roosevelt disse: "Você ganha força, coragem e confiança através de cada experiência em que você realmente para e encara o medo de frente". Quando Deus nos pede algo, não podemos deixar que o medo nos domine. Existe uma palavra muito forte que está em I João 4:18 que diz: *"No amor não há medo; ao contrário o perfeito amor expulsa o medo, porque o medo supõe castigo. Aquele que tem medo não está aperfeiçoado no amor."*

"Não é o crítico que importa; nem aquele que aponta onde foi que o homem tropeçou ou como o autor das façanhas poderia ter feito melhor.

O crédito pertence ao homem que está por inteiro na arena da vida, cujo rosto está manchado de poeira, suor e sangue; que luta bravamente; que erra, que decepciona, porque não há esforço sem erros e decepções; mas que, na verdade, se empenha em seus feitos; que conhece o entusiasmo, as grandes paixões; que se entrega a uma causa digna; que, na melhor das hipóteses, conhece no final o triunfo da grande conquista e que, na pior, se fracassar, ao menos fracassa ousando grandemente."

(Trecho do discurso "Cidadania em uma República" (ou "O Homem na Arena"), proferido na Sorbonne por Theodore Roosevelt, em 23 de abril de 1910).

Para viver algo grande é necessário coragem. Coragem para perder, coragem para viver, coragem para tentar, coragem para desbravar, coragem para se expor, coragem para ser vulnerável e coragem para se humilhar.

CORAGEM PARA DAR UM PASSO PARA TRÁS

A coragem não só é necessária quando precisamos dar um passo a frente, mas também é necessário ter coragem para dar um passo para trás.

"Quando tudo parece estar indo contra você, lembre-se que o avião decola contra o vento, não a favor dele" – Henry Ford.

Quem diria que ventos contrários te levariam mais longe? Quem diria que retroceder pode ser melhor que continuar indo para frente? Seria tão estranho se alguém perguntasse assim: "para onde Deus está te levando?" E você responder assim: "para trás". Certamente, a pessoa que te fez a pergunta não entenderia sua resposta, pois todos nós associamos Deus com andar para frente, seguir para frente, olhar para frente, pois quem quer te colocar para trás é o diabo.

Sim, eu entenderia o pensamento dessa pessoa facilmente, até você viver algo que te requer dar um passo para trás e deixar algumas coisas para trás para entender que Deus é o encarregado de muitas de nossas perdas, e Ele faz isso porque às vezes estamos na rota errada, e Ele vem para nos posicionar e nos colocar na rota certa.

Como já dizia CS Lewis: *"Andar para distante da Sua vontade é ir em direção ao nada."*

Cada atitude, cada decisão, cada escolha, nos leva para mais perto ou para mais distante dEle. Cada escolha tem o poder de te transformar ou de te estagnar. Por isso é tão importante estar ouvindo e estar atento a voz certa.

São tantas vozes, tantas alternativas, que é fácil se perder, é fácil entrar por um caminho amplo, que abre tantas portas, tantas possibilidades, que podem te levar para longe, bem longe da Sua vontade. São tantas inquietações, de uma alma que quer atenção, que busca alguma satisfação. São tantas urgências, tantas vaidades, que querem prioridade. São tantos desafios, tantas realidades que nos querem desviar da Sua vontade.

Quanto menos dele temos, mais vamos caminhando em direção ao nada, quanto menos dele desejamos, mais vamos nos alimentando do que não nos faz bem. Quanto menos dele buscamos, mais vamos buscando o que se corrompe e o que se acaba. Quanto menos dele temos, mais vamos nos matando, e nos sabotando. Quanto menos dele temos, mais nos apressamos a ter o que é mais fácil e mais barato. Quanto menos dele temos, mais nos parecemos com a maioria.

Quanto menos dele temos, mais nos encaixamos ao padrão deste mundo, deste tempo em que vivemos.

É importante lembrar que, quando decidimos nos aproximar dele, algumas coisas vão ficar para trás. Melhor dizendo, muitas coisas vão ficar pra trás.

Quanto mais a vontade dele fazemos, menos vamos nos importando com ocupações, realizações e posições.

Quanto mais a vontade dele fazemos, mais vamos dando valor aos dias, e ao tempo que nos resta nesta Terra.

Mais vamos valorizando o simples, as pessoas, a família, os dias de chuva, os momentos ao redor da mesa, as risadas, os abraços, as conversas.

Quanto mais a vontade dEle fazemos, mais vamos deixando pra trás, mais vamos perdendo e nos esvaziando.

Quanto mais a vontade dele fazemos, mais nos esquecemos de fazer, de conquistar, de correr, de querer, de subir, de ajuntar; e mais desejamos compartilhar, repartir, doar, entregar e amar. Quanto mais me aproximo dele, menos eu me satisfaço com os prazeres deste mundo, e mais eu entendo que eu fui feito para Ele, criado por Ele, e planejado para viver por Ele.

Quanto mais a vontade dele fazemos, mais entendemos que fomos criados para viver o que é eterno, e o que não é eterno se torna inútil viver.

Corremos tanto atrás do corruptível, queremos tanto nos sentir grandes e conhecidos, e nos esquecemos de ser filhos, e para quê fomos criados.

Não existe vida fora de Sua presença. Não existe real prazer fora de Sua presença.

Não existe propósito fora de Sua presença. Fomos criados para Sua glória, para Seu louvor. Viver fora da presença dEle é viver um eterno vazio que não pode ser preenchido por nada nessa terra.

ERGUENDO A BANDEIRA DA CORAGEM

Mas, para vivermos assim, é necessário coragem. É necessário erguer a bandeira da coragem e não baixá-la por nada. É necessário assumir uma postura e não olhar para trás e nem para os lados. Pois qualquer descuido pode nos distanciar e nos corromper. É necessário pedir forças a Ele e exercitar nosso espírito para que estejamos prontos e não olharmos para trás.

Para termos coragem, precisamos exercer nossa confiança em Deus. É como um filho que aprende a confiar em seu pai por saber que o seu pai quer o melhor para ele, por saber que seu pai não faria algo para o prejudicar e sim para o ajudar a chegar mais próximo dele e de seu destino.

Viver no anonimato pode até não ser tão difícil assim, alguns vivem assim por escolha própria pois preferem enterrar o talento do que vivê-lo. O difícil mesmo é erguer a bandeira da coragem para que as pessoas vejam onde estamos e como estamos. Muitos querem maquiar o momento que estão vivendo, por não ser tão glamouroso, por não ter tanta visibilidade, e fazem de conta que estão bem, quando erguer essa bandeira requer honestidade e sinceridade.

Erguer essa bandeira e dizer: eu perdi, eu errei, eu me corrompi, eu vacilei. Para que a honestidade te faça viver a verdade, e essa verdade te cure e te erga novamente.

Já li muitos livros do Dr. Augusto Cury e ele me ensinou muito:

"Desejo que você não tenha medo da vida, tenha medo de não vivê-la. Não há céu sem tempestades, nem caminhos sem acidentes. Só é digno do pódio quem usa as derrotas para alcançá-lo. Só é digno da sabedoria quem usa as lágrimas para irrigá-la. Os frágeis usam a força, os fortes, a inteligência. Seja um sonhador, mas una seus sonhos com disciplina, pois sonhos sem disciplina produzem pessoas frustradas."

Amo esse ensinamento sobre sonhos sem disciplina. Como o Dr. Cury bem disse, pessoas frustradas nascem de sonhos que não foram disciplinados. Do que adianta sonhar indisciplinado? Não vai chegar a lugar algum. Não vai concretizar coisa alguma. Vai sofrer, vai se frustrar, vai se cansar.

Que peçamos mais coragem ao Espírito Santo, pois Ele está disposto a nos ensinar a ter coragem mas, para isso, você vai precisar sair da teoria e caminhar na prática. Isso mesmo. Coragem exige prática, exige sair da zona de conforto, se lançar sem reservas, deixando tudo para trás.

Capítulo 10

GUIADA POR DEUS E NAÕ POR HOMENS

"O Senhor está comigo; não temerei o que me
pode fazer o homem".
Salmos 118:6

Esse versículo foi companheiro da maioria das minhas noites. Por um bom tempo, sem entender o que estava acontecendo, eu tive medo do que poderia acontecer, eu tive medo de ficar muito tempo no anonimato e me tornar alguém distante de Deus. Eu tinha medo da forma com que as pessoas poderiam me fazer sentir por estar vivendo algo que elas não entendiam.

Hoje é muito comum precisar estar ativo para ter algum tipo de utilidade. É muito pregada uma mensagem de "ativação", onde você precisa prestar um serviço para ter algum valor. Se você não estiver ativado, você estará vivendo algo aquém ao que Deus te chamou para viver.

Então, Deus te chamou para viver de serviço? Deus te chamou para viver fazendo? Deus te chamou para viver trabalhando?

Pode ser que quando você estiver sendo usado por Deus, você irá aparentar ocupado, e isso é normal, mas isso não pode ser o seu dia a dia, porque ninguém pode viver ocupado demasiadamente a ponto de não ter tempo para si mesmo, para o lazer, para o descanso, para a família e demais áreas que precisam da sua atenção.

Não podemos seguir no rumo que todos estão indo ou nos incentivando a ir.

"Este século não é digno de ser tomado como modelo. Este século está fadado ao fracasso." - Helena Tannure

Que realidade bem dita. Se tivermos que seguir um modelo, que seja Jesus, somente Ele. Os modelos que a nossa geração está fabricando não estão nos levando a viver morrendo para nós mesmos, e nem para o evangelho, ao contrário, está nos deixando bem vivos, cheios de desejos, vontades e orgulho.

DIZENDO NÃO PARA O HOMEM

Esse versículo trouxe para mim a seguinte revelação: Deus está comigo e, se Ele está comigo e se revelar a mim, Ele me trará identidade e propósito, e a minha vida será a mensagem que o mundo precisa ouvir. Se isso não estiver bem gravado em meu coração e na mente, o homem conseguirá me ocupar com o que não é para eu me ocupar, e o que não é da vontade de Deus para eu fazer. E isso só trará ocupação, cargos e títulos, e me tirará do lugar de dependência que só o Senhor pode me dar.

O homem pode pensar que você precisa corresponder aos seus talentos e dons; e com isso te coloca em posições onde você irá usá-los para glorificar a Deus. Em algumas ocasiões isso pode chegar a acontecer, sim, mas nem sempre é isso o que Deus quer de você. O ministério pode ser uma falsa identidade para você, o ministério pode esconder um vazio que você possui, o ministério pode esconder uma carência, o ministério pode servir somente como palco onde você exibe as suas qualidades e dons.

Se você não estiver sensível à voz de Deus, você pode se enganar com as oportunidades que chegarem até você e pensar que é chegado o tempo. Mesmo que essas oportunidades venham através de pessoas de Deus. Nem todas as pessoas que você conhece que carregam um título religioso estão sobre a direção de Deus; algumas querem apenas usar o seu talento porque ele servirá para alguma utilidade no ministério.

Não se apresse em aceitar um convite, uma proposta, uma oportunidade, antes de consultar a Deus, pois foi Ele quem projetou a sua história e Ele é quem conhece o seu coração e pode te aprovar. Nenhum homem pode dizer que você está pronto ou apto a não ser Ele, somente o Deus que te criou e te vê todos os dias tem a resposta final. Não se mova pela oportunidade, por mais que ela pareça boa aos seus olhos, por mais que ela venha com a sugestão de que você irá abençoar as pessoas quando usar os seus dons.

Você precisa, primeiro, estar preparado e aprovado antes de exercer qualquer tipo de ministério. Caso você não esteja preparado, o cargo tomará o seu coração, o seu tempo, a sua motivação, e Deus ficará sem espaço, e aos poucos Ele pode ficar esquecido e você estará atuando em um cargo sem ter um relacionamento com Ele, sem ao menos passar alguns minutos com ele. Então, você estará ocupado, mas fora do propósito. Triste coisa. Triste história.

NÃO SIGA PESSOAS, SIGA PRINCÍPIOS

Um dia, o Espírito Santo me disse: não siga pessoas, siga princípios, pois seguir princípios te leva à promessa, e seguir pessoas pode te fazer caminhar para longe da promessa.

O que são princípios?

De acordo com o dicionário, princípio é começo; o que ocorre ou existe primeiro que os demais; o início de uma ação ou processo.

Princípio também é razão; o que fundamenta ou pode ser usado para embasar alguma coisa. Informação básica e necessária que fundamenta uma seção de conhecimentos.

Princípios servem para fundamentar algo, para que tenhamos uma base, uma razão pela qual fazemos algo.

Se princípio tem a ver com razão, então é algo que não pode ser dominado pela emoção. Se os princípios estão sendo negociados a partir da emoção, então logo eles serão quebrados. O princípio diz: isso é certo e precisa ser seguido; a emoção diz: mas eu não estou sentindo em fazer tal coisa. Os princípios precisam vir antes do sentimento; para que eles não sejam comprometidos e quebrados.

Pecado é pecado, não existe meio termo, não negocie o que está sendo sugerido se isso te levará ao pecado. Nunca entre em uma proposta sugerida pelo diabo, pois todos os caminhos sugeridos por ele te levarão à destruição.

PRINCÍPIOS SÃO VALORES

Princípios também apontam para valores. Existem coisas que não podemos negociar, pois quando negociamos, estamos colocando em risco esses valores.

Nossos valores precisam fazer parte das nossas escolhas e tolerâncias. Pois, muitas vezes nossas escolhas seguem os nossos valores, mas toleramos coisas que colocam em risco esses valores. A tolerância está ligada ao que aceitamos, ao que não dizemos não, ao que não nos posicionamos contra ou a favor.

Eu vejo pessoas que pensam estar fazendo a coisa certa, mas na hora de dizer não, são fracas e toleram aquilo que não deveriam.

Essas tolerâncias podem chegar a ser sua destruição. O diabo nunca vai planejar algo que não seja para sua destruição. Ele nunca tem em mente perder, o maior alvo dele é destruir, matar e acabar com o que Deus tem planejado para você.

Busque discernir o que te está sendo proposto. Muitos não pensam antes de agir, simplesmente seguem suas emoções, e não fazem a ponte que liga o sentir e pensar antes de tomarem decisões. O que é aparentemente nocivo, pode chegar a ser muito perigoso e destrutivo. Não se deixe levar pelas aparências, aparências podem enganar e muito. Aja mais pela razão, e não pela emoção. Tenha em mente que princípios são regras, são fundamentos e não podem ser misturados com sentimentos.

SABEDORIA AO LIDAR COM PESSOAS

Mas, por estarmos vivendo e fazendo conexão com pessoas o tempo todo, precisamos ter sabedoria ao lidar com as pessoas e entender que, para cada pessoa, existe um nível de relacionamento, pois é nesse nível que você vai definir qual tipo de informações vai compartilhar com cada pessoa que se relaciona.

É necessário entender que cada pessoa possui um nível de entendimento, cada pessoa viveu uma história diferente, teve uma criação diferente, tem um nível de percepção diferente, um nível de espiritualidade diferente, e cada aspecto da vida dessa pessoa fará com que ela interprete a sua história no nível da capacidade que ela tem, por isso é muito importante se relacionar com pessoas em níveis de intimidade diferentes, para que você tenha relacionamentos saudáveis e evite problemas de relacionamentos.

Em seu livro *Especialista em Pessoas*, Tiago Brunet dá lições do quão importante é conhecer as pessoas para sabermos nos relacionar com elas. E ele diz assim:

Nossa tendência é misturar as coisas, e é isso que sempre dá errado. Continue rindo, mas não conte seus sonhos, abrace, mas não revele seu coração; compartilhe a mesa, mas não confidencie quais serão os seus próximos passos.

Talvez, você acabou de ler essa frase e pensou que nunca mais poderá abrir o seu coração para alguém. Mas não, você pode, mas precisa saber para quem o estará fazendo. É necessário conhecer quem você se relaciona e quem você conta seus segredos e intimidades. Entenda, nem todos têm maturidade e história para entender a sua história. Nem todos que sentam ao redor da mesa podem saber o que você pensa e o que você planeja fazer com a sua vida. Na verdade, são poucos os quais você pode abrir o seu coração por inteiro, talvez somente uma ou duas pessoas serão os que estarão prontos para receber de você informações sobre os seus íntimos pensamentos, então cuide para que sua intimidade e sonhos não sejam compartilhados com todos que você conhece. Acredite, isso te salvará e te economizará muitas lágrimas e decepções. O melhor remédio ainda é a prevenção. Aprenda a lidar com as pessoas e você se machucará menos e terá melhores resultados em seus relacionamentos.

Em tempos onde é mais fácil seguir orientação de homens, seguir o que Deus diz ficou sendo coisa do passado. Pessoas correm atrás de profecia, de mensagem pronta, de vídeo de pregação no YouTube. Ninguém mais quer abrir a Bíblia, ninguém mais quer entrar no quarto e fechar a porta, ninguém mais quer obedecer ou renunciar para ouvir a voz de Deus. Ficou mais fácil receber de onde já está pronto e formatado.

BUSCANDO A DEUS E NÃO HOMENS

Ninguém mais quer buscar até encontrar. Todos querem receber de graça, sem ter que pagar o preço da obediência. Ah, você não sabia que obedecer iria te custar algo? Então deixe-me te dizer que vai, vai te custar tudo que você tem.

John Wesley disse assim: *"Que não se admita no coração outro desejo ou propósito, cujo objeto supremo não seja Ele."*

Ele é tudo que precisamos, Ele é o nosso alvo, o nosso propósito maior e o desejo que consome nosso coração.

Jesus declarou em Lucas 12:15: *"A vida do homem não consiste na abundância dos bens que Ele possui."* Realmente não são os bens materiais, conexões com pessoas importantes, nem tão pouco os dons que Ele nos deu que nos tornam em pessoas de valor.

Às vezes, nosso problema é querer agradar ou impressionar os homens, aqueles que podem nos colocar em alguma posição ou nos dar algum cargo importante, e esquecemos que a nossa conexão maior precisa ser vertical, precisa vir de cima.

Lucas 10:41-42 relata a visita de Jesus na casa de Maria e Marta. Nessa visita, Jesus viu que Marta estava fazendo reclamações sobre Maria, pois Maria queria celebrar a presença de Jesus, enquanto Marta estava na cozinha ocupada com seus afazeres. Talvez, seu coração também estava buscando agradar Jesus, mas ao invés de sentar-se com Ele, ela quis mostrar serviço e Jesus disse a ela: *"Marta! Marta! Andas inquieta e te preocupas com muitas coisas. Entretanto, pouco é necessário ou mesmo uma só coisa; Maria, pois escolheu a boa parte, e esta não lhe será tirada."*

David Wilkerson tem uma frase que diz: *"Muita gente passa a vida fazendo coisas boas e legítimas, porém o Senhor não é o primeiro para elas. Ele não é o centro de sua vida. Se ele fosse, não o colocariam de lado. Elas achariam tempo para ficar com Ele."*

Não adianta dizermos com lábios que amamos o Senhor e até cantarmos canções que declaram nosso amor por Ele, e não termos tempo para buscá-lo ou para estar com Ele. Isso é religiosidade. Isso é viver de palavras vazias.

Que tragédia seria viver uma vida trabalhando para quem te chamou, sem conhecê-lo.

DEUS É QUEM LEVANTA PESSOAS

Muitas vezes nós associamos o poder, o destaque, a posição e a relevância ao homem, no sentido de que é o próprio homem quem coloca pessoas nos lugares em que elas estão. Mas a verdade é que quem faz isso é Deus. Ele coloca pessoas, tira pessoas, levanta pessoas, abate pessoas, ensina pessoas; enfim, é Ele quem faz, é Ele quem se encarrega disso.

Nós podemos até pensar que cargos são instituídos por pessoas, pode até parecer assim, mas quem está orquestrando tudo é Ele. É Ele que está na frente de tudo.

Mas também precisamos entender que, da mesma forma que Ele me pediu para entregar e eu demorei entender e até lutei para não fazê-lo, outras pessoas também estão lutando e segurando em seus cargos e posições mesmo quando já era para terem entregado.

Entenda, Ele somente pede, Ele convida, Ele não obriga você a nada, você tem livre arbítrio. Você pode permanecer no controle se quiser. Inclusive, eu conheço muitos que permanecem no controle e não vivem 1% do que Deus tem para eles, pois estão fazendo do seu jeito, no seu tempo, com a força de seus braços.

E não são somente os que estão em volta desses que percebem o quanto essas pessoas estão "forçando a barra" para manterem suas posições, mas eles próprios sofrem pois, com certeza, eles estão lutando contra a voz do Espírito Santo, assim como eu também lutei.

Mas, um dia, eu decidi obedecer e parar de lutar. Entreguei minhas armaduras, me despi de minhas próprias forças, anulei minhas vontades, me rendi por completo à Sua vontade.

E isso, de início, foi tão surreal, que não entendi o propósito. Mas, conforme o tempo foi passando, fui entendendo que algumas portas precisavam ser fechadas para que outras fossem se abrindo. E literalmente foi isso que aconteceu. Eu quase que pude ouvir o barulho das portas se abrindo diante de mim, pois era nítido que só o Senhor podia fazer tal coisa. Conexões foram chegando, caminhos foram se abrindo, e eu fui entendendo que melhor é esperar que Ele faça, do que fazer do meu jeito.

Capítulo 11

ELE TE AMA

"No amor não existe medo; seu perfeito amor por nós afasta todo o medo. Se estamos com medo, é porque tememos o seu castigo, e isso mostra que não estamos completamente convencidos de que ele realmente nos ama." - I João 4:18

O mais importante que precisamos entender quando estamos passando por um processo pelo qual Deus está nos guiando é saber que Ele nos ama, por isso trabalha em nós até que estejamos preparados para o que Ele quer nos ensinar. Se estamos temerosos ao que Ele pode fazer ou a forma que Ele vai fazer, então ainda não entendemos o seu amor por nós.

COMO ENTENDER O AMOR DELE POR VOCÊ

Em uma ocasião antes de dormir eu estava tendo uma conversa sincera com o Espírito Santo e nessa conversa perguntei: "Como pode o seu amor permanecer o mesmo por mim? Como pode o Senhor esperar tão pacientemente por mim enquanto eu me aventuro nas minhas próprias vontades? Como pode o Senhor saber e ver tudo o que sou e ainda assim manter o seu amor por mim?"

E, Ele usando da mesma sinceridade, me respondeu: "O meu amor não muda, não mudou e nem vai mudar, porque ele não está CONDICIONADO ao seu estado atual, e nem ao seu estado futuro. Você estando comigo ou andando por si própria, meu amor ainda permanece no mesmo lugar, pra quando você precisar, você conseguir encontrar.

Quando você erra, o meu amor está lá. Quando você caminha para longe, o meu amor está lá. Quando você se esquece de mim, o meu amor está lá. Quando você endurece seu coração, meu amor está lá. Quando você se desespera, o meu amor está lá. Quando você tenta fazer na força do seu braço, o meu amor está lá.

Eu não disponibilizo o meu amor como o homem disponibiliza - condicionado a receber para dar em troca, não! O meu amor é vivo, ele permanece, ele perdura, ele cobre, ele cura, ele limpa, ele sacia, ele amadurece, ele é eterno."

Lá em Romanos 5:8 fala: *"Deus, no entanto, mostrou seu grande AMOR por nós, enviando Cristo para morrer por nós enquanto ainda éramos pecadores."*

E Ele continuou: "Mas uma coisa eu te digo, minha filha, existe uma diferença entre precisar do meu amor e saber que ele vai estar disponível para você e andar no meu amor por entender que o meu amor é melhor que todas as outras coisas que você pode viver.

E quando você anda (vive) nele, você é completa, e entende que não existe nada mais que pode saciar a sua busca, que Eu sou a sua totalidade, Eu sou a sua fonte e provedor para todas as suas necessidades."

Então, ao final eu disse a Ele: "então eu acho que tudo isso tem a ver com o que está escrito em Salmos 84:10: *'Melhor é um dia nos teus átrios do que mil em outro lugar'"*;

e Ele respondeu: "Nenhum outro lugar pode se comparar ao lugar onde meu amor por você te encontrou para nunca mais deixar: na cruz."

Salmos 145: 18 e 19 diz: *"O Senhor está perto de todos os que o invocam, de todos os que o invocam com sinceridade. Ele realiza os desejos daqueles que o temem; ouve-os gritar por socorro e os salva."*

Deus como nosso pai tem prazer em realizar nossos sonhos e desejos. Ele nos ouve e nos acolhe. Ele não nos deixa, nunca nos abandona. Ele está sempre perto, mesmo que estejamos longe.

UM AMOR QUE CURA

Algo que eu aprendi quando me entreguei ao tratamento de Deus, é que o amor dele cura. O maior propósito de Deus neste tempo para mim foi me entregar a uma cura, cura essa que foi muito necessária, pois precisei entender que o amor dEle é o único que poderia me curar, me transformar e me levar a um novo nível de entendimento. Nenhum homem pode e tem o poder de fazer isso, só Ele pode.

O amor dEle carrega verdades que eu precisava carregar. O amor dEle transformaria minhas feridas em cicatrizes. O amor dEle me tiraria toda carência e colocaria uma aliança em meu dedo. O amor dEle me faria me submeter à Sua vontade, pois a vontade dEle é perfeita.

Entendi que estava distante do Seu amor, as minhas próprias decisões me tinham feito caminhar para direção contrária do seu amor, eu estava separada do seu amor, divorciada do seu amor, até que Ele me encontrou, me alinhou, me completou, e me restaurou.

O amor dEle foi o responsável por alterar e mudar o curso da minha história.

Essa palavra de encorajamento do Dr. Augusto Cury nos traz um grande ensinamento:

"Que o 'Mestre dos Mestres' lhe ensine que nas falhas e lágrimas se esculpe a sabedoria.

Que o 'Mestre da Sensibilidade' lhe ensine a contemplar as coisas simples e navegar nas águas da emoção.

Que o 'Mestre da Vida' lhe ensine a não ter medo de viver e a superar os momentos mais difíceis da sua história.

Que o 'Mestre do Amor' lhe ensine que a vida é o maior espetáculo no teatro da existência.

Que o 'Mestre Inesquecível' lhe ensine que os fracos julgam e desistem, enquanto os fortes compreendem e têm esperança.

Não somos perfeitos; decepções, frustrações e perdas sempre acontecerão. Mas Deus é o artesão do espírito e da alma humana. Não tenha medo. Depois de uma longa noite surgirá o mais belo amanhecer."

UM AMOR QUE TE ORIENTA

Leia atentamente essa ilustração: *O anel*

Houve certa vez um rei sábio e bom que já se encontrava no fim da vida. Um dia, pressentindo a iminência da morte, chamou seu único filho, que o sucederia no trono, e do dedo tirou um anel.

– Meu filho, quando fores rei, leva sempre contigo este anel. Nele há uma inscrição. Quando viverdes situações extremas de glória ou de dor, tira-o e lê o que há nele.

O rei morreu e o filho passou a reinar em seu lugar, sempre usando o anel que o pai lhe deixara. Passado algum tempo, surgiram conflitos com um reino vizinho que desencadearam uma terrível guerra.

À frente do seu exército, o jovem rei partiu para enfrentar o inimigo. No auge da batalha, vendo os companheiros lutarem e morrerem bravamente, num cenário de intensa dor e tristeza, mortos e feridos agonizantes, o rei lembrou-se do anel. Tirou-o e nele leu a inscrição: ISTO TAMBÉM PASSARÁ. E ele continuou sua luta. Venceu batalhas, perdeu outras tantas, e no fim saiu vitorioso. Retornou então ao seu reino e, coberto de glória, entrou em triunfo na cidade. O povo o aclamava. Nesse momento de êxito, ele se lembrou de novo de seu velho e sábio pai. Tirou o anel e leu: ISTO TAMBÉM PASSARÁ.

(Autor Desconhecido)

Hoje, entendo que a orientação que Jesus nos dá muitas vezes não será para nos fazer subir em lugares altos, de destaque, de poder, de visibilidade, mas será uma direção que irá nos guardar, guardar nosso coração, nos dar sabedoria para tomar decisões e nos proteger de tomar decisões erradas.

UM AMOR QUE CUIDA

"Quando as coisas estiverem difíceis, lembre-se de tudo o que Deus já fez por você; o amor que te deu a vida, o perdão que te limpa, o favor que você não merece, a misericórdia que te beija todas as manhãs, a fidelidade que te abraça e sustenta e a coragem para a jornada." (Helena Tannure)

O amor de Deus por nós cuida, protege, abraça e nos dá coragem para continuar. *"Porque estou certo de que nem a morte, nem a vida, nem os anjos, nem os principados, nem as potestades, nem o presente, nem o porvir, nem a altura, nem a profundidade, nem alguma outra criatura nos poderá separar do amor de Deus, que está em Cristo Jesus, nosso Senhor!"* - *Romanos 8:38-39*

O cuidado dEle não é por acaso, não é sem motivo. Ele cuida porque Ele quem nos fez, nos projetou e nos ama. Ele cuida por que somos valiosos, preciosos, e filhos.

Precisamos entender que somos filhos. Não somos servos, escravos, coitados, perambulando por aí sem um pai, sem uma origem.

Um belo dia o Espírito Santo me trouxe esse entendimento e nesse dia eu escrevi uma canção que tem como título "Minha Trajetória":

Todas vezes que eu te encontro
Não consigo mais pretender
Aquilo que eu pensava ser
Aquilo que eu pensava ser

Não tenho mais o que dizer
Não tenho mais o que fazer
Não quero perder tempo e pretender
Não quero perder tempo e pretender

Eu não sou escrava, eu sou filha
O que for diferente disso, é mentira
Pois eu não sou escrava, eu sou filha

Meu esforço já não me domina
Eu já deixei de comprar, para aceitar
Pois meu esforço já não me domina

Eu não preciso de fazer para te conquistar
Para ter o Teu amor eu não, eu não preciso dar
Quem trabalha por um salário, é escrava
Mas quem confessa e deixa, alcança misericórdia

De escrava para filha
É minha trajetória
De fazer para ser
É minha trajetória

Esse dia foi muito especial pra mim, pois foi uma revelação que recebi do Pai sobre a minha trajetória de escrava para filha. Ele precisava me curar de um pensamento e mentalidade de escrava, de produzir para receber uma recompensa. Essa mentalidade de "trabalhar para Deus" é pura escravidão, é pura perda de tempo. Pois Deus não nos criou para trabalharmos para Ele. Ele nos criou para andarmos com Ele, para aprendermos com Ele, para sermos dependente dEle para tudo.

Quando trabalhamos, pensamos que estamos fazendo uma obrigação, e isso chega a ser um fardo, um peso sobre nós. E Ele não quer nos pesar e nos fazer andar arrastando com tantas obrigações, cansados com tantos compromissos. Ele quer nos fazer filhos, com mentalidade e comportamento de filhos, sermos referência para outros para que eles também vivam e caminhem nessa verdade.

O entendimento de paternidade é algo libertador. Quando entendemos que temos um Pai, não mais caminhamos debaixo de um jugo, mas caminhamos em relacionamento, em comunhão com Ele, ouvindo a sua voz, e não "fazendo algo" pra Ele.

O que fazemos é consequência de quem somos. Quem "faz" algo sem antes "ser" simplesmente comete fraude, e está enganando a si mesmo.

Sou formada em psicologia, portanto faço atendimentos de terapia. O fato de ser, me dá autoridade para fazer. Não posso fazer terapia sem ser psicóloga, eu preciso da formação. Entendem?

Por isso "ser filho" e não escravo é um entendimento muito importante. Eu não posso subir em uma plataforma para ministrar a outros sem antes entender e "ser" quem Ele me criou para ser. Seria hipocrisia querer pregar algo que eu não vivo. Concordam?

Foi isso que essa canção me ensinou. Que o meu processo estava me tirando de uma mentalidade de escrava para ser filha.

Talvez também seja essa a sua trajetória. De escravidão para paternidade. Se for, que você encontre liberdade no seu Pai, que você encontre cura, proteção e origem.

Nossa origem nos traz entendimento de quem somos e por quem fomos criados. A sua origem é Ele. Tudo que for diferente disso, como diz a canção, é mentira, é engano, é aprendizado errado, é religiosidade.

UM AMOR QUE TE CURA DA RELIGIOSIDADE

Sabe o que a religiosidade faz com você? Ela te aprisiona em uma mentalidade de escravo. E que triste é viver tendo um Pai, e mesmo assim viver como um religioso. Você pode compreender a totalidade dessa aberração? É como viver preso em um quarto onde a porta está completamente aberta. É como mendigar afeto de estranhos, quando o seu

Pai é o próprio amor encarnado. É como viver querendo impressionar os homens, quando nem quem te criou busca ser impressionado por você. É como produzir resultados para alguém que não está te exigindo trabalho.

Você pode imaginar a extensão desse entendimento? Tudo isso, o Espírito Santo me revelou nos dias mais difíceis que passei, quando todo meu entendimento foi jogado por terra, todo aprendizado errado foi desconstruído e desfeito.

E conforme Ele ia me ensinando e abrindo meus olhos, mais eu crescia em conhecimento de quem Ele é, e o quanto eu estava distante, cantando para Ele, usando o nome dEle, e longe de conhecê-lo.

Você só conseguirá deixar de ser religioso quando se deixar ser amado por Ele. Pois só quem conhece o amor de Seu Pai consegue deixar a religião.

Quem se apega à religião, é quem ainda está buscando ser aceito por suas obras. Quem se apega à religião é quem ainda está trabalhando para um Pai que não conhece. Quem se apega à religião é quem não entendeu sua origem. Quem se apega à religião é quem nunca chorou no colo do amado da sua alma. Quem se apega à religião é quem ainda se comporta como um pobre escravo, pois não conhece que seu criador é dono de todas as coisas no céu e debaixo do céu.

Como a religião nos afasta de Deus, do seu amor e da sua paternidade.

UM AMOR QUE CRESCE

"Você se torna o que você acredita" – *Oprah Winfrey.*

Nós só conseguiremos nos parecer mais com Ele quando descobrirmos quem Ele é e acreditarmos no Seu amor por nós. E, para crescermos nesse amor, precisamos nos relacionar, passarmos tempo juntos, termos conversas, e nos dedicarmos em fazer essa história de amor crescer. Ele quer isso de nós, Ele espera isso de nós, Ele anseia por isso.

Mateus 7:7-8 diz: *"Peçam, e será dado, busquem, e encontrarão, batam, e a porta será aberta. Pois todo que pede recebe; o que busca encontra; e àquele que bate, a porta será aberta."*

Quem se liberta da religiosidade abre uma porta em direção à paternidade. Quem tem paternidade, se relaciona por amor e não por responsabilidade ou obrigação.

Quem faz por obrigação, faz para cumprir metas, faz para ganhar algo em troca. Quem se relaciona por intimidade, se relaciona por amor, por carinho, por vontade.

E esse amor que visa intimidade, só cresce e desperta uma vontade ainda maior. Um amor íntimo é um amor que cresce com desejo e entrega. Quem ama se entrega, se doa, se lança, sem medo, sem receio, sem restrições.

Se entregue a esse amor hoje, a entrega será o início do seu crescimento nEle. Esse amor só irá crescer, amadurecer e fortalecer. Tenha certeza. E quanto mais próximo dEle você estiver, mais será dependente dEle. E quanto mais dependente, mais feliz.

UM AMOR QUE TRAZ FELICIDADE

Felicidade! A muito requerida e almejada felicidade. Felicidade que eu tanto busquei em pessoas, em ocupações e aceitação.

Não sabendo que a felicidade não estava nessas coisas, eu me apeguei a elas por muito tempo. Tempo demais, tempo perdido, tempo que não volta mais. Eu digo perda de tempo, pois realmente é uma perda. Pois você vive anos sem desfrutar de um amor que é capaz de te trazer a plena felicidade, felicidade que só Ele tem e pode te ensinar a viver.

Por trabalhar em atendimento psicológico com pessoas, eu vejo o quão errado elas aprendem sobre felicidade. E, como eu mencionei antes, cada um tem uma perspectiva da vida, a partir de como viveu e como foi ensinada. Quem busca felicidade em outra pessoa, por exemplo, viu seus pais ou responsáveis fazerem o mesmo em sua infância; ou não obtiveram isso da forma correta.

Por isso muitos de nós buscamos felicidade em seres humanos, em bens materiais, em satisfação profissional, em luxo e conforto. Pois não aprendemos a buscar na fonte, de onde vem tudo que precisamos. Não fomos ensinados a fazer isso. Todas as vezes em que choramos, por exemplo, quando criança, somos consolados por alguém ou por alguma coisa. E isso é errado. Apesar de não ser errado sermos consolados por alguém, precisamos nos autoconsolar, ou pelo menos aprender a nos controlar. Pois a dor é inevitável, ela vem, mais cedo ou mais tarde vamos tomar um tombo, vamos cair, nos machucar. E nem sempre haverá alguém para nos levantar e passar um remédio no machucado causado.

Por isso, todas as vezes que nos deram uma opção para ajudar a dor passar, nosso cérebro foi entendendo que sempre haverá uma opção ou uma fuga. E esse ensinamento moldou nosso pensamento, nossas crenças, e foi regendo nossa vida e nossos comportamentos.

Por isso, buscamos felicidade de várias formas, com um único foco: sermos preenchidos. E esse preenchimento nós associamos à razão da nossa existência. E, quando fazemos isso, estamos dando a alguém a responsabilidade que é nossa. Ninguém é responsável por te preencher a não ser você mesmo. E esse preenchimento não pode vir de outro lugar a não ser da fonte eterna que é Deus.

Quando você entende isso, você descobre onde está a felicidade, e que tudo fora disso foi uma crença errada, um ensinamento errado que te fez perder tempo.

Ensinamentos assim acontecem por falta de conhecimento. Ninguém ensina errado de propósito, e sim por falta de saber o que é certo. Se seus pais te davam um brinquedo todas as vezes em que você chorava, seu cérebro aprendeu que seu consolo sempre viria de um lugar externo e material. Ao contrário disso, eles precisariam ter simpatizado com a sua dor, sua ferida, e não poderiam ter te oferecido coisa alguma, nem te prometido um doce ou uma bala para que você parasse de chorar.

O choro precisa cessar naturalmente, e não em vista de algo que promete um aparente alívio. Todas as vezes que você aprende a buscar alívio em fontes temporárias, você está educando seu cérebro a sempre fazer isso, é isso vai moldando você ano após ano, e quando você chega em uma idade que sente um despertamento na área emocional, você começa uma busca incessante por alguém que possivelmente tem a capacidade de te fazer feliz, e quando isso acontecer você encontrará a felicidade.

Com isso, eu não estou afirmando que pessoas não podem ser felizes na companhia das outras, sim, isso é absolutamente possível. Mas também existem casos onde pessoas completamente capazes de fazerem outras felizes não conseguem fazer isso, pois a outra pessoa não está apta para receber, pois ela mesma não se aceita, não se conhece, e não se permite ser feliz.

E isso, na maioria das vezes acontece quando a pessoa não aprendeu onde encontrar a felicidade, e não sabe que quando ela encontrar, ela será completa e realizada, pois terá aprendido a totalidade e plenitude de toda felicidade – Deus.

Quando uma pessoa feliz e realizada encontra outra na mesma condição, aí então duas pessoas felizes vivem felizes, tomam decisões saudáveis e responsáveis uma para com a outra e assim vivem em harmonia.

Mas não é isso que vemos na maioria das vezes. Na maioria das vezes, ambos, ou uma parte não aprendem essa verdade, e viveu a vida inteira buscando ser preenchido, ou melhor, viveu a maioria do tempo pela metade, colocando nas mãos do outro o poder de completá-lo, quando Deus já te fez completo e perfeito.

SUA ORIGEM TE FAZ FELIZ

É na origem que encontramos felicidade! Ponto final. Não existe felicidade fora da origem. A origem tem seu molde, seu desenho, seu propósito de vida. Fora da origem, você somente encontrará algo parecido, que chega perto do original, mas que não tem essência, nem profundidade.

Sua origem é Deus. Sem Ele você é cópia, é tentativa, é armação, é fraude. É a mesma coisa que comprar a réplica de um objeto de grife, e sair por aí com um material fajuto, com o emblema da marca pregado no material que logo, logo vai revelar a sua ilegitimidade.

Vai durar por algum tempo, mas no tempo certo todos verão a falsificação do material pela aparência destruída que ele irá apresentar.

A origem é a única coisa que será capaz de te dar sustentabilidade. Nada que é falso é sustentável. Nada que é temporário é sustentável. O sustentável está na origem. Por mais que duas pessoas que são felizes por si só consigam manter a harmonia por um tempo, pode chegar o tempo que uma das partes pode começar a se comportar de maneira questionável e associar a felicidade delas a você, e não mais à origem, e isso pode trazer esse relacionamento harmonioso ao fim.

Esse término não pode definir o seu entendimento de felicidade, por mais que a separação doa, você sabe onde está a felicidade, e sabe que sua plenitude não está em outra pessoa, e sim na fonte inesgotável que é Deus, o seu criador.

Não existe felicidade sem o criador. Sem origem. Não existe. E pronto.

Mas isso nem todos aprendemos e, como antes mencionei, na maioria das vezes, somos ensinados ao contrário, onde precisamos de alguém ou algo para nos trazer felicidade.

Felicidade é alguém, e esse alguém é Deus.

Eu realmente espero que essa parte tenha ficado clara para você. Pois ela é essencial para entendermos como podemos ser felizes.

A partir desse entendimento, precisamos colocar em prática, assim como tudo na vida exige prática, essa dependência dEle também exige prática. Eu, por exemplo, não praticava essa verdade. E como vocês leram nos capítulos anteriores, eu buscava ser preenchida e aceita por pessoas, por cargos, por posição, por poder, e qualquer coisa que me trouxesse uma sensação de preenchimento.

Triste coisa, mas muito real. Real para mim, e real para muitos de nós. E muitos desses estão em púlpitos, buscando a felicidade em seus ministérios, até que eles se deixem ser tocados e ensinados por Aquele que sabe exatamente o que eles precisam.

Porque é tão difícil nos deixarmos ser tocados por aquele que sabe exatamente o que precisamos? O seu toque é cura, é retorno à origem, à plenitude.

Isso me faz lembrar da mulher do fluxo de sangue, leia a passagem:

"E certa mulher, que havia doze anos tinha um fluxo de sangue, e que havia padecido muito com muitos médicos, e despendido tudo quanto tinha, nada lhe aproveitando isso, antes indo a pior, ouvindo falar de Jesus, veio por detrás, entre a multidão, e tocou na sua vestimenta. Porque dizia: Se tão somente tocar nas suas vestes, sararei. E logo se lhe secou a fonte do seu sangue, e sentiu no seu corpo estar já curada daquele mal. E logo Jesus, conhecendo que a virtude de si mesmo saíra, voltou-se para a multidão e disse: Quem tocou nas minhas vestes? E disseram-lhe os seus discípulos: Vês que a multidão te aperta, e dizes: Quem me tocou? E ele olhava em redor, para ver a que isso fizera. Então, a mulher, que sabia o que lhe tinha acontecido, temendo e tremendo, aproximou-se, e prostrou-se diante dele, e disse-lhe toda a verdade. E ele lhe disse: Filha, a tua fé te salvou; vai em paz e sê curada deste teu mal." - Marcos 5:25-34

Assim como essa mulher, estamos nós, sangrando, morrendo longe da origem, e o sangramento só vai parar quando deixarmos Ele nos tocar.

O toque dEle é uma conexão de volta à origem. É o término da religiosidade e início da paternidade. Por isso eu afirmo, mais uma vez, não existe felicidade longe da origem. Fora da origem você andará peregrinando, e sendo escravizado pela mentalidade do serviço, pela mentalidade de fazer para ser visto, de se ocupar para ter valor. Sem origem, você é escravo, sem origem, você é um mero religioso. Sem origem você não passa de uma cópia. E isso não é a vontade dEle para você. Não, mesmo.

origem, você é escravo, sem origem, você é um mero religioso. Sem origem você não passa de uma cópia. E isso não é a vontade dEle para você. Não, mesmo.

Capítulo 12

AMPLIANDO A VISÃO

"Quanto mais eu me conheço,
mais eu me curo e me potencializo".
José Roberto Marques.

Para complementar essa frase eu diria que, para conhecermos a nós mesmos, precisamos conhecer a Deus, pois Ele nos criou e colocou em nós um propósito. Ele já nos gerou com esse propósito em mente. Quando conhecemos a Deus, ganhamos visão e perspectiva.

Muitas vezes, Deus quer nos tirar de um lugar para nos levar a um lugar mais amplo para que nossa visão seja ampliada.

Antes de entregar o cargo que tinha, recebi uma palavra profética que eu passaria pelo processo que a águia passa. Nesse texto escrito por Helena Ribeiro fala desse processo:

"A Águia... é a ave que possui a maior longevidade da espécie. Vive cerca de 70 anos. Porém, para chegar a essa idade, aos 40 anos, ela precisa tomar uma séria e difícil decisão. Aos 40 anos de idade, suas unhas estão compridas e flexíveis e já não conseguem mais agarrar as presas das quais se alimenta. O bico, alongado e pontiagudo se curva, suas asas tornam-se pesadas em função da grossura de suas penas, estão envelhecidas pelo tempo. Já se passaram 40 anos do dia

em que a jovem águia alçou voo pela primeira vez. Hoje, para a experiente águia, voar já é bem difícil!

Nessa situação a águia só tem duas alternativas:

Deixar-se morrer…ou enfrentar um doloroso processo de renovação que irá durar 150 dias.

Esse processo consiste em voar para o alto de uma montanha e lá se recolher em um ninho que esteja próximo a um paredão. Um local seguro de outros predadores e de onde, para retornar, ela necessite dar um voo firme e pleno.

Ao encontrar esse lugar, a águia começa a bater o seu bico contra a parede até conseguir arrancá-lo, enfrentando, corajosamente, a dor que essa atitude acarreta. Pacientemente, espera o nascer de um novo bico, com o qual irá arrancar as suas velhas unhas. Com as novas unhas ela passa a arrancar as velhas penas.

Após cinco meses, esta "renascida" sai para o famoso voo de renovação, certa da vitória e de estar preparada para viver, então, por mais 30 anos."

Se a águia não se submete ao processo, ela morre. Se ela não se submete à mudança, ela morre. Se ela não se submete à dor, ela morre. Existem processos dolorosos que nos trazem vida.

"Não é o mais forte que sobrevive, nem o mais inteligente. Quem sobrevive é o mais disposto à mudança"
– Charles Darwin.

PALAVRAS PROFÉTICAS

Em uma noite em Kansas City, em uma conferência na qual estava participando, recebi duas palavras idênticas sobre ter que passar pelo mesmo processo que a águia passa para se renovar. Ao receber essas palavras, entendi que teria que passar por esse doloroso processo, então pesquisei em detalhes para entender melhor sobre como esse processo funciona, e entendi que não seria fácil, pois precisaria me isolar e encarar a dor de uma renovação, para que então pudesse viver algo novo.

Passei por esse processo, que durou um tempo de um ano e meio. E como foi doloroso passar este tempo, que foi composto de isolamento, renúncia, obediência, medo, desespero, angústia, e muito choro. E se você me perguntar se valeu a pena, vou te responder: Sim, valeu muito a pena! Fácil, não foi, mas necessário.

Ninguém pode ter visão por você, cada um tem a sua

É incrível como esse processo não depende de mais ninguém além da própria águia decidir passar por ele. Ela mesmo entende e se entrega. Assim eu fiz, entendi e me entreguei. Me lancei nos braços dEle, e me deixei ser moldada, quebrada. Minhas penas velhas foram arrancadas para que pudesse voar firmemente novamente. A dor da renovação é terrível, pois significa deixar um velho pensamento e velhas crenças para receber o novo de Deus, para caminhar sobre uma nova palavra e um novo entendimento. Tudo que é velho sai, e o novo chega.

E se eu não quisesse passar pelo processo? Eu morreria, assim como a águia que se acovarda também morre. Com certeza, existem águias covardes por aí que morrem antes do tempo, porque se entregaram ao medo e se acostumaram com o velho, e perderam as forças para lutar.

O que realmente nos torna relevantes e efetivos?

Muitos podem pensar que ter poder, fama, beleza, influência é o que os torna importantes e relevantes. Mas o que realmente nos dá autoridade é a obediência a Deus, e a nossa entrega à Sua vontade.

E, quando nos entregamos, perdemos o controle. Perder o controle é muito desconfortável, mas nos traz benefícios, pois aumenta nossa confiança.

MUDANDO DE DIREÇÃO

"Se um homem não descobriu nada pelo qual morreria, não está pronto para viver." - Martin Luther King

Mudar de direção ou mudar de rota não é tão fácil assim; quando já estamos acostumados a andar por um caminho que estamos trilhando por anos, as mudanças não são fáceis de encarar. Só consegue mudar de direção quem perdeu o medo e já saiu da zona de conforto.

Durante o período em que estava na liderança do ministério de louvor eu também estive me dedicando aos estudos na área de saúde mental, pois sempre tive interesse de ajudar as pessoas e gosto muito de dar atenção e ouvilas; e ao terminar meu mestrado em psicologia no final de dezembro de 2018, eu recebi uma proposta de trabalho que teria início em janeiro de 2019. Nunca imaginei que seria tão rápido o ingresso à minha carreira profissional, fiquei muito surpresa com a oportunidade e muito feliz pela conquista.

Então dei início à minha profissão logo após graduar e, assim que comecei a trabalhar nessa clínica onde exerço minha profissão, eu entendi o propósito por estar ali.

Por morar na região de Boston, que contém uma grande

população imigrante de países da América Latina e América do Sul, a maioria dos pacientes com quem trabalho em terapia clínica são espanhóis e brasileiros. Hoje eu atendo em três idiomas diferentes: inglês, espanhol e português.

Desde adolescente eu aprendi a língua espanhola quando fiz o ensino médio no Brasil, e após me mudar para o Estados Unidos aprendi o inglês. A junção das duas línguas com a minha língua materna que é o português abriu portas para que eu entrasse em culturas diferentes nos atendimentos que eu faço.

Antes de entregar a liderança em obediência a Deus, Ele me entregou algumas palavras por pessoas diferentes que me disseram sobre o meu ministério estar ligado às nações hispânicas e como Deus me levaria e me usaria nesses países. Ao ouvir essas palavras eu tentava conectar isso à facilidade que eu tinha com a língua espanhola, mas não sabia que algo além aconteceria que estaria conectado a esta palavra.

COMANDOS QUE AMPLIAM NOSSA VISÃO

Por vezes, quando Deus nos fala algo ou quando ele nos dá um comando, nós não entendemos o porquê daquele comando, mas basta passar o tempo para entendermos porque ele disse tal coisa. E essa palavra que recebi sobre ser usada para abençoar outras nações de língua hispânica começou a fazer sentido quando comecei a tratar pacientes de países hispânicos. Entendi que ele usa situações para nos preparar para o nosso destino.

O nível de espanhol que eu tinha aprendido até começar a trabalhar com pessoas da cultura espanhola era bem limitado, e hoje, após estar trabalhando e tratando os pacientes e tendo conversação, convivência, entendimento da cultura, eu posso dizer que o meu nível com a língua se desenvolveu com o meu trabalho.

Por isso é necessário estarmos com a mente aberta e também o coração aberto para entendermos as oportunidades que Ele nos proporciona e para qual motivo está nos proporcionando essas oportunidades. Se eu não tivesse sido obediente e aceitado a instrução de entregar o cargo de liderança, eu não estaria vivendo essa oportunidade e estaria perdendo a chance de me preparar e me equipar com o conhecimento da língua espanhola.

Todas as vezes que Deus nos pede para obedecer, ele não somente está nos provando, mas também nos capacitando e preparando para algo novo. É necessário ser obediente à voz dEle, pois Ele sabe para onde está nos levando, quando na maioria das vezes nós não sabemos, e não temos a menor ideia do que está nos aguardando lá na frente.

Sou grata a Deus por ter obedecido, renunciado e aprendido a deixar de querer ter o controle, pois hoje estou vivendo algo que não estaria vivendo se estivesse ainda fazendo as mesmas coisas e estando na mesma posição que estava quando Ele me pediu para abrir mão.

Eu entendi que Deus trabalha com estações, e precisamos estar atentos em qual estação estamos vivendo, pois elas duram somente um tempo determinado, por isso precisamos ser flexíveis para dar início e fim às estações.

Vão existir estações nas quais estaremos ativos, trabalhando ou exercitando alguma função ou cargo, e também estações nas quais não faremos muita coisa, onde precisaremos descansar, nos preparar e equipar para a próxima estação.

ABRINDO MÃO PARA TER VISÃO

Para termos a visão ampliada precisamos também deixar ou abrir mão do lugar ou do posto que ocupamos para que Ele nos mostre qual é o lugar novo que Ele tem preparado para nós.

"Suba o primeiro degrau com fé. Não é necessário que você veja toda a escada. Apenas dê o primeiro passo" – Martin Luther King.

Às vezes, o que queremos é ver e saber antes de tomar um passo. Mas nem sempre será assim. Muitas vezes você verá somente o primeiro degrau para dar o primeiro passo. Para isso, sua confiança e dependência precisarão estar em Deus, somente em Deus. Quando é Ele quem te chama, é Ele quem vai te levar, é Ele quem vai te sustentar e te guiar.

Nem sempre queremos abrir mão do confortável, nem sempre queremos deixar para trás o que já sabemos ou o que já adquirimos. Mas Deus nos prova em nosso conforto, para ver até onde confiamos nEle.

"O êxito da vida não se mede pelo caminho que você conquistou, mas sim pelas dificuldades que superou no caminho" – Abraham Lincoln.

Será necessário, da sua parte, abrir mão do que você já conquistou; foi assim pra mim. Eu abri mão e ganhei visão. Tive perdas para ter ganhos, ganhos esses que não seriam possíveis se estivesse apegada ao que já tinha e ao que já sabia.

Será necessário desapegar, desbravar novos caminhos, caminhos antes não percorridos. Quando Ele me convidou a perder, Ele não me enviou sozinha pelo caminho, Ele foi comigo, segurou em minhas mãos, me ensinou diariamente sobre o processo em qual estava passando. Ele me visitou em meu quarto, me visitou em sonhos, trouxe pessoas com palavras do céu, me sustentou, me protegeu e me ergueu.

"Quando considero a brevidade da existência dentro do pequeno parêntese do tempo e reflito sobre tudo o que está além de mim e depois de mim, enxergo minha pequenez. Quando considero que um dia tombarei no silêncio de um túmulo, tragado pela vastidão da existência, compreendo minhas extensas limitações e, ao deparar com elas, deixo de ser deus e liberto-me para ser apenas um ser humano. Saio da condição de centro do universo para ser apenas um andante nas trajetórias que desconheço." - Augusto Cury

A VONTADE DE DEUS É O ÚNICO LUGAR QUE TE LEVARÁ A VIVER O REAL PROPÓSITO

Muitos de nós pensamos estar vivendo o propósito de Deus para nós quando começamos a fazer aquilo que entendemos que fomos chamados pra fazer, seja isso cantar, pregar, evangelizar, administrar, ensinar e etc.

Mas não, identificar no que somos bons ou onde está nosso talento não significa que identificamos o propósito de Deus para nós. Pois praticar seu dons não te conecta com o seu propósito, Deus é quem te conecta com o seu propósito e, para você viver esse propósito, você vai precisar viver a vontade dEle para você.

E a vontade dEle nem sempre vai ser fazer o óbvio, o mais fácil ou o que faz mais sentido. Qual sentido existe em Deus tirar alguém do seu ofício, da sua ocupação, do seu cargo, se Deus a chamou para exercer exatamente aquilo? Não sei. Pergunte para Deus. Pois eu tive que perguntar também. Eu também não sabia. Para mim também não fez sentido. Foi então que eu tive que começar a jornada de entendimento da sua vontade para mim.

Nem sempre a vontade dEle é ter você atuando, servindo, correndo de um lado para o outro. A vontade dEle também se encontra no deixar, no perder, no descer, no renunciar, no entregar. Creia, a vontade dEle também está aí. E, talvez, essa será sua maior atitude de coragem, de viver a vontade dEle quando ela não parecer tão atraente. Quando ela te tirar toda visibilidade e te levar para a sala de estoque, assim como quando um elemento é tirado de uma prateleira ou de uma vitrine e é colocado em uma sala escura de estoque, de armazenamento, de esquecimento.

Você precisa confiar nEle quando isso acontecer. Acredite, você vai precisar confiar.

Eu precisei confiar no processo. Por muitas vezes pensei em desistir desse processo. Pensei em voltar atrás em minha decisão. Por muitas vezes eu pensei. Não foram uma ou duas vezes, somente. Até que um dia eu entendi, e cessei a guerra, cessei a batalha que estava travando com Deus, me rendi e aceitei o processo.

NÃO EXISTE LUGAR MELHOR

Hoje posso dizer: não existe lugar melhor. Não existe. Você pode até procurar, andar por todos os lugares desejados do seu coração, lugares de aceitação, lugares de glória, lugares de sucesso, de visibilidade, de credibilidade, de atuação, de ocupação, de serviço e de pertencimento; mas nenhum lugar, nenhuma pessoa, nenhum ministério vai te proporcionar o que Ele pode te dar e no que Ele pode te tornar.

Foi aí que parei de querer me tornar algo, quando eu entendi que Ele não estava querendo me tornar em coisa alguma, Ele estava querendo mudar meu entendimento, de escrava para filha, de serviço para relacionamento, de ocupação para comunhão. Ele não queria me dar coisas, Ele queria me dar origem, paternidade, pertencimento.

Por muito tempo eu não entendi isso. Eu pensava que Ele tinha tudo e podia me dar tudo que eu precisava. Ele tem tudo, sim, Ele não só tem tudo, mas como é tudo. E me diz: Qual é o pai que quer receber somente pedidos de seu filho? Que pai tem prazer nisso? Em um filho que só se achega até Ele quando precisa de algo, de um favor, de uma benção, de uma conquista?

O entendimento que Ele quis me trazer era simples, mas a minha mente estava tão cauterizada pela escravidão, que levou tempo para Ele ir tirando as camadas de comportamentos errados que eu tive por tantos anos. Até que me dei conta que o que Ele tinha era melhor do que eu carregava. Que o que eu estava carregando era pesado, era difícil de manter vivo pois era algo construído por mim mesma, não era sustentável, não era duradouro. Era somente o meu entendimento, entendimento esse que não me dava base, ou suporte, para seguir em frente. Que, uma hora ou outra tudo iria desabar, pois não era sólido suficiente.

E isso Ele me ensinou. Que só o que Ele tinha era duradouro, suficiente, sustentável, firme, eterno e real. Que o único lugar de total dependência só Ele tem e pode proporcionar. Que nenhum outro lugar na mente humana, no entendimento humano e no talento humano pode se comparar ao que Ele é e tem.

Se alguém de nós tentar manter a própria vida, ministério, chamado ou cargo por si próprio, um dia esse alguém falhará e se decepcionará, pois nós não fomos criados para andarmos firmados em nossas próprias forças e entendimento. Ele nos criou para andarmos junto a Ele e recebermos dEle tudo que precisamos. Ele nos criou para ser receptores da sua fonte, de seu domínio, de seu governo e paternidade.

Sem Ele, quem somos? Para onde iremos? O que faremos? Onde chegaremos?

Sem Ele não existe lugar desejado. Não existe lugar de glória. Não existe lugar de sucesso. Pois por Ele e para Ele são todas as coisas.

LUGAR DE REALIZAÇÃO É UM LUGAR DE ENTENDIMENTO

Na metade do processo, eu pensei que Ele estava no final do tempo de processo com algo pronto para me entregar e dizer: "Aqui, minha filha, aqui está o seu próximo cargo, sua próxima missão, sua próxima ocupação."

Até que, ao chegar ao final desse processo, pude entender que não era nada daquilo que eu estava pensando. Ele não estava me preparando para uma próxima coisa que novamente me levaria para longe dEle. Não, o que Ele tinha ao final era somente um lugar de entendimento e total confiança.

Por muitas vezes, eu achei que estaria pronta para a próxima etapa, para a próxima jornada, paro o próximo cargo ou título, que seria diferente do primeiro, mas que me colocaria de volta ao lugar que não era para eu estar para começar a história.

Até que entendi que realização não é conquistar, não é alcançar, não é chegar, subir, fazer e acontecer. Não! Realização para Deus é entender, é se encher e se completar do entendimento que Ele tem para nós como filhos. Pois erramos exatamente por falta de entendimento. Então, com entendimento, não precisamos correr atrás de resultados, pois entendemos quem somos e o que carregamos, e isso é suficiente.

O que mais um filho precisa além de saber quem o seu pai é? Pois, quando ele conhece, ele descansa, ele comtempla, ele usufrui, ele pertence, ele se encontra, ele se completa.

Quando eu entendi que só o que eu precisava era entendimento, eu descansei. Eu entendi que Ele não estava preparando coisa alguma. Que o que Ele queria era total entrega e confiança. Confiança essa capaz de dizer: "Pai, o Senhor me deu, então só o Senhor pode me autorizar a fazer, só o Senhor pode me enviar, só o Senhor pode me levar. Eu não vou mais fazer sozinha, eu não quero mais fazer sozinha. Eu não posso mais fazer sozinha. Pois fazer sozinha me trouxe resultados insustentáveis e me tornou alguém distante de Ti. Então, daqui para frente eu não vou mais caminhar com minhas próprias pernas e próprias forças. Eu preciso de Ti, sem o Senhor eu não vou, eu não quero ir."

Esse entendimento me tirou de um lugar de inquietação para estar ativa e me levou para um lugar de paz, de confiança, de dependência e de obediência. Eu parei de me sentir inquieta quando estava aparentemente desocupada com algo que traria realização, e passei a ter calma, tranquilidade, clareza e paz.

Pois paz era o que eu não tinha quando ainda ocupada ao extremo. A paz me faltava. A paz era extinta. Eu desconhecia o que era ter paz. Esse era o nível da minha preocupação em estar sempre "produzindo" algo para o reino de Deus.

Incrível não? Sim. Como eu descobri que era incrível essa minha atitude de desespero por resultados e conquistas.

PAZ

Ao final do processo eu tive paz. Eu tive serenidade. Eu tive tranquilidade. Eu pude descansar sem me sentir culpada. Eu pude respirar sem pensar em qual seria o próximo passo. Eu deixei Deus fazer por mim. Eu deixei Deus decidir por mim. Eu deixei Deus agir por mim. Eu deixei Deus fazer em mim. Isso, sim, foi o mais incrível. E como foi incrível esse processo. Processo longo, mas valioso demais. Processo doloroso, mas de muita cura e restauração.

Antes desse processo dar início em mim, eu não conseguia parar. Meus pensamentos eram literalmente acelerados, demasiadamente acelerados, ao ponto de estarem me destruindo e me tirando do propósito que Deus tem para mim.

Todas as vezes que eu sentia essa inquietação, procurava algo para me ocupar. Eu entrava em contato com alguém, buscava ocupar minha mente com a leitura, muitas vezes leitura da Palavra, mas minha mente não estava ali, minha motivação era somente estar ativa com algo. Eu também assistia pregações, mensagens motivacionais, filmes, etc., tudo que fosse capaz de aquietar a minha alma, sem submetê-la a quem realmente tinha descanso para ela.

Até que eu pude desfrutar de paz, quando entendi que nada seria capaz de me proporcionar a tranquilidade e paz de espírito que Ele tinha para mim. Mas essa paz estava na dependência, na entrega, na confiança. E um dia eu me deparei com um comportamento completamente diferente, eu me deparei respirando, descansando, entregando, me submetendo, sem esforço algum, sem medo algum.

Nesse dia, eu disse para Deus: "Wow, Senhor, eu estou surpreendida comigo mesma, pois hoje eu estou confiante, não estou ansiosa, nem preocupada com o que vai acontecer amanhã, não estou fazendo planos, não estou buscando ocupação alguma, somente estou feliz em entender quem eu sou, quem o Senhor é, e tenho plena confiança em Ti, e sei que o que o Senhor está fazendo é perfeito, e eu somente quero descansar em Ti."

Ao terminar essa oração, eu dormi tranquilamente, feliz da vida. E, a partir desse dia, eu tive esse entendimento de que se Ele estivesse preparando algo novo ou não, eu já me sentia plena, realizada, amada, cuidada, curada, restaurada, reconstruída e muito feliz.

Foi aí que eu entendi que felicidade é um lugar de entendimento, um lugar de total entrega. Que felicidade está mais conectada a descansar do que a correr atrás. Que felicidade é perder ocupação e ganhar revelação. Que felicidade é pertencer. Que felicidade é entregar. Que felicidade é confiar. Para mim, antes, a felicidade estava muito distante, muito inatingível e muito difícil de adquirir. Hoje, eu entendo que a felicidade está mais perto do que pensamos, está bem alcançável e bem próximo. Que o que falta é só entendimento.

O QUE ESTÁ POR VIR

"Nem olhos viram, nem ouvidos ouviram, nem jamais penetrou o coração humano, o que Deus tem preparado para aqueles que O amam." - I Coríntios 2:9

O cumprimento do que está por vir está mais relacionado ao nosso amor por Ele do que nossa preparação para isso. Você já parou para pensar nisso? Que muitas vezes estamos tão preocupados em nos preparar, estudar, nos equipar, investir, correr atrás de fazer e acontecer, quando nosso coração não está no devido lugar. Do que adianta o preparo se não entendemos quem Ele é e o que Ele tem preparado?

A palavra mesmo dEle diz que Ele tem coisas maravilhosas para Os que o amam, não para aqueles que estão prontos. Não para aqueles que se prepararam. Não para aqueles que fizeram cursos e faculdades. Não para aqueles que se esforçaram muito pra fazer o melhor. Não para aqueles que ensaiaram até ficarem profissionais. Não para aqueles que viajaram por todo o mundo pregando o evangelho.

Com certeza, tudo isso é válido, é necessário e é bom. Mas não pode ocupar o lugar do amor, o lugar da intimidade, o lugar do conhecimento de quem Ele é. Então, entenda isso, você só verá o que está por vir, quando se render ao seu amor, quando conhecer Seu coração e Sua mente.

Muitas vezes, eu coloquei o preparo no lugar do amor. A dedicação à obra no lugar do amor. A técnica perfeita no lugar do amor. Foi em vão. Foi esforço desperdiçado. Foi tempo mal entendido e mal aproveitado.

De nada vai adiantar você correr atrás de fazer o que é bom, pois o bom pode chegar a te corromper, e te levar a viver uma vida automática, sem essência e sem alma.

O bom não é suficiente. O bom é muitas vezes o que te afasta de Deus e de conhecê-lO. Então, queira viver o que é bom, queira viver o que é da vontade de Deus. Queira viver o propósito dEle para você. Queira viver em comunhão com Ele e se renda à Sua vontade.

DEIXANDO TUDO PARA VIVER PARA ELE

Mas algo muito importante você saber é que não vai existir meio termo, não vai existir entrar só pela metade. Nesse rio você vai precisar mergulhar, e não só lavar os pés, não. Você vai precisar se submergir nessas águas. Você vai precisar ir até o profundo. E, para isso, você vai precisar ter plena confiança nEle. Você vai precisar deixar de lado o medo, e se lançar em Seus braços.

Você não vai ter como entrar e pedir para sair só porque você não está se sentindo confortável. Depois que você entrar, você vai precisar deixar Ele te guiar. Você vai precisar esquecer o que você viveu antes de entrar nesse rio porque, na verdade, já era para você ter esquecido e entrado nEle à muito tempo.

Daqui para frente a única voz que você precisa ouvir, é a dEle. Mas isso vai requerer um hábito, uma dedicação, e uma aproximação. Você nunca irá conseguir viver uma intimidade com alguém com quem você não se relaciona todos os dias por várias vezes ao dia. Uma intimidade só acontece quando existe conexão, quando existe vulnerabilidade. Você já viu alguém ser muito íntimo um do outro sem contar segredos e ser vulnerável? Eu creio que não.

Assim será o seu relacionamento com Ele, daqui para frente. Pois é só esse relacionamento que vai te sustentar. Não existe outra coisa que fará isso por você. Não existe outro método, outra forma ou outro caminho. O caminho para viver os planos de Deus por completo é dependência e confiança nEle.

Isso significa que todas as outras coisas não poderão fazer parte mais dos seus planos e projetos. Aliás, os planos dEle serão os seus, os projetos dEle serão os seus. A vontade dEle será a sua. O anseio dEle será o seu. O que Ele tiver para você será suficiente.

Você está disposto? Essa pergunta me foi feita por Ele durante o meu processo. E muitas vezes eu não tinha resposta, porque não tinha coragem de responder, porque eu sabia que a minha resposta teria que ser seguida de atitude e de entrega. Eu me acovardei, sim, pois ainda estava muito encantada com meus próprios projetos. E não sabia que o que Ele tinha era muito melhor. Eu estava cega, distraída, ocupada, e perdida.

E foi aos poucos que Ele, com todo amor, foi me mostrando que eu estava segurando com muita força em algo que era muito pequeno, que o sofrimento pelos meus próprios projetos estava sendo em vão, pois cumprir meus projetos do meu jeito não estava me trazendo resultados, e sim estavam me fazendo andar em círculos, andar sem sair do lugar, andar sem rumo e sem direção.

Isso acontece com todos aqueles que decidem fazer do seu jeito, e ainda dizer que estão fazendo para Deus.

Você vive fazendo, mas quando vai procurar a colheita, ela não existe; pois você pensou estar plantando, mas não estava. O que você estava fazendo era simplesmente muito parecido com o real, mas, na verdade, não era.

Assim me senti quando entendi que o tempo que estive trabalhando arduamente "para Deus", foi um tempo que estive trabalhando para mim mesma, para meus próprios prazeres e realizações.

Você já parou para pensar que um trabalhador, seja em qual área for, precisa saber o que seu empregador precisa que ele faça antes de começar a fazer? Então, o mesmo cenário pode ser usado para nós, a única diferença é que Deus é nosso pai e nós somos os Seus filhos. Por isso, precisamos estar em sintonia com o Seu coração.

UMA NOVA JORNADA

Em sua nova jornada, ouvir a Deus será essencial para sua caminhada com Ele. Você vai precisar criar o hábito de conversar com Ele diariamente, e não só falar, mas também ouvi-lO. A sua comunhão com Ele através da oração e da palavra precisarão fazer parte dos seus dias. Esse tempo de meditação, de adoração, de rendição, te dará o sustento que você precisa, e a força que você precisa para dar início a essa linda jornada.

Nessa jornada, você vai conhecer Seus pensamentos, Seu coração e Sua vontade. A partir daí você irá se aproximar mais e mais dEle. E essa aproximação dará início a uma paixão que vai te inundar e tomar completamente. Quando estiver completamente envolvido, você não mais vai querer andar por seus próprios caminhos e vontades.

Seus desejos serão os dEle, suas vontades serão as dEle, seus planos serão os dEle; e você não mais fará do seu jeito, mas do jeito dEle, e o mais importante, no tempo dEle.

E, para te tranquilizar, entenda isso: a sua jornada Ele já conhece, na verdade antes de você conhecer a Deus, Ele já te conhecia, o que significa que você pode confiar nEle a sua vida e suas decisões. Ele já foi até o fim da sua jornada e voltou, ele já viu o destino final e sabe exatamente o que você vai viver.

Então, porque não confiar naquele que sabe tudo a seu respeito? Naquele que tem o seu molde, que sabe quantos fios de cabelo tem em sua cabeça, e conhece cada célula em seu corpo. Ele conhece cada desejo seu, Ele te vê todos os dias, te sustenta todos os dias, está com você todos os dias, nunca te deixou e nunca te deixará.

Ele tem pensamentos bons a seu respeito. Ele conhece tudo sobre você, absolutamente tudo. Porque não se render a Seus cuidados e Sua voz?

VIVENDO ALGO NOVO

O que estou vivendo hoje não se compara ao tempo perdido. Estou vivendo algo maravilhoso – o tempo de Deus. E não existe nada melhor que viver em Seu tempo e à Sua maneira. Depois que descobri que podia viver assim, não quis mais viver outra coisa. Sinceramente, não tem nada melhor.

Viver em sintonia com o Seu criador é a melhor coisa que todo ser humano pode fazer. Tenho vivido dias plenos, pois os tenho vivido na presença daquele que tem plenitude e totalidade.

Isso é o que tanto precisamos viver: plenitude. E só Ele pode nos alcançar em plenitude, o resto é viver sempre tendo falta de algo, e lutando para alcançar o que é inalcançável longe de Sua presença.

Tudo aquilo que você busca fora da presença dEle tem data de expiração, e não é sustentável. Uma hora acaba, uma hora passa, uma hora se destrói. Mas, na presença dEle, não. O que vem de Sua presença é eterno, é confiável.

Não adianta querer viver algo novo e viver o velho ao mesmo tempo. Uma hora o novo ou o velho vai vencer. Não tem como sustentar os dois. É como entrar em uma guerra sem saber a qual lado você pertence. Assim, você perderia a guerra. Por isso, é necessário escolher, decidir, e lutar por viver o que Deus tem preparado pra você.

Eu também lutei por anos, querendo viver do meu jeito, fazer do meu jeito e no meu tempo. Até que eu vi que, do meu jeito, eu não estava nem conseguindo sair do lugar, quem diria chegar ao meu destino. Então, me rendi, me entreguei e aceitei o processo.

Só assim eu comecei a viver algo novo.

QUANDO A RENDIÇÃO É MELHOR
QUE A REPUTAÇÃO

Nesse processo, eu aprendi a buscá-lo como nunca antes. Aprendi que meu amor por Ele não está condicionado ao meu chamado ou minha posição de liderança, seja ela qual for. O meu amor por Ele não depende de uma oportunidade, de um título, de um nome de boa reputação. Jesus perdeu toda sua reputação na cruz, quando decidiu se entregar à morte, e um tipo de morte vergonhosa.

Quando olhamos para Jesus vemos que Ele não esteve preocupado com a forma que morreria, Ele sabia que precisava morrer para cumprir a vontade do Pai, então Ele se entregou, se rendeu, e nada O deteve, nem mesmo sua reputação.

Quem precisa de reputação, quando pode escolher a rendição, rendição por algo maior, rendição por algo de valor, rendição pelo que vai te trazer vida, e vida com Deus, vida de propósito, e vida em plenitude?

É muito fácil para as pessoas buscarem colocar sua reputação em jogo quando nos ausentamos de nossos cargos. Pois a mente humana associa descer com cair. Mas com Deus não é bem assim. Jesus morreu na cruz, se desfez de qualquer reputação ali, desceu até o último nível de vergonha quando foi açoitado em público, onde todos viram, e provavelmente o caluniaram, e alegaram que Ele não era aquilo que dizia que era.

Mas como eles estavam errados. Jesus estava se rendendo àquele processo porque tinha algo em mente, tinha um propósito a cumprir, tinha uma humanidade para salvar através da sua morte. Ele sabia que não poderia estar preocupado com reputação, com nome, com fama, com títulos. Ele tinha algo maior em mente, Ele tinha um objetivo a cumprir, e esse objetivo era a própria vontade de seu Pai.

Então, o que Ele escolheu? Rendição! Ele não quis saber de mais nada, o que mais importava para Ele era a vontade de Seu Pai.

Quando alguém conhece a vontade de seu Pai, ele não é mais levado por vontade própria, não é mais comprado por qualquer oferta. Se entrega, se rende, se desfaz de si mesmo para viver o que o seu Pai quer.

Se Jesus desceu, eu também posso descer. Se Jesus se entregou, eu também posso me entregar. Se Jesus não se preocupou com o que o homem ia falar ou achar, eu também não devo me preocupar. A recompensa de quem se entrega nem se comprar com a recompensa de quem fica e se detém em suas próprias vontades vai chegar.

Vai chegar um dia que você vai precisar decidir, e antes que você se encontre vivendo em círculos, se renda agora mesmo ao processo de viver a vontade de Deus.

PERDI

Eu perdi. Perdi tanto. Perdi tudo. E, sem nada, eu me encontrei com aquele que tem tudo. Aquele que me convidou a perder, não perder o que era importante, mas o que estava me levando para longe dEle. O mais importante eu ganhei. O mais importante eu encontrei. O mais importante eu tenho hoje.

No início, eu não tinha ideia do quanto eu perderia, e quanto tempo isso levaria. Foram dias após dias entendendo o quanto era necessário perder e deixar. E hoje, ao escrever essas palavras, eu olho para fora da janela do meu escritório, de onde estou escrevendo, e vejo a chuva cair e o vento balançar as árvores ao lado da minha casa.

Aqui é o meu lugar favorito para escrever, pois foi também o lugar onde o processo aconteceu. Foi e é o lugar de encontros, encontros com aquele que me resgatou de mim mesma e me levou de volta para Ele. E por existirem várias árvores em volta da minha casa, muitos pássaros também vem cantar em minha janela. E hoje, exatamente hoje, enquanto escrevo esse último capítulo, o dia está revelando a glória de Deus.

Eu acordei cedo, levantei, fui correr, voltei, sentei em minha cadeira preferida em meu escritório, orei a respeito de algo que precisava da intervenção de Deus, e minutos depois dessa oração, recebi a resposta por uma mensagem de texto. Na mesma hora, o Espírito Santo me disse, aí está o resultado da sua rendição.

Nessa hora eu me levantei, fui até o computador para dar conclusão ao último capítulo desse livro, para dizer para você, leitor, que perder, aos olhos de Deus, se traduz em rendição, se traduz em escolher a Ele, se traduz em viver os planos dEle e não os seus.

Por Ele, perca tudo. Por Ele, se desfaça de tudo. Por Ele, seja corajoso. Por Ele, seja fiel. Por Ele, seja obediente. Por Ele, seja filho.

Queira perder tudo que você aprendeu, se não foi Ele quem te ensinou. Pois Ele tem uma vida inteira de ensinamento para você. Uma vida ao lado dEle. Uma vida em plenitude. Uma vida com propósito.

Com Ele, você nunca perde. Com Ele, você ganha vida. Uma vida que a nada se compara.

Queira deixar tudo por Ele. Queira amar a Deus acima de todas as outras coisas. Acima de reputação, de nome, de espaço, de destaque, de relevância, de fama, de dinheiro e de conforto. Queira deixar tudo, assim como Jesus fez quando se entregou por mim e por você. Queira Ele e não as coisas dessa terra.

Pois quando seu coração for dEle, Ele te dará tudo, não tudo que você quer, mas tudo que você precisa. Ele tem o que você precisa.

"Mas buscai primeiro o seu reino e a sua justiça, e todas estas coisas vos serão acrescentadas."
Mateus 6:33

BIBLIOGRAFIA

Bíblia Sagrada

BROWN, Brené. **A coragem de ser imperfeito**. Rio de Janeiro: Sextante, 2013.

BRUNET, Tiago. **Especialista em pessoas.** São Paulo: Academia, 2020.

RIBEIRO, Helena. **A História da Renovação da Águia**. Site. Disponível em: https://www.helenaribeiro.com/historia-da-renovacao-da-aguia/

SPURGEON, C.H. Trecho do discurso **Cidadania em uma República** (ou "O Homem na Arena"), proferido na Sorbonne por Theodore Roosevelt, em 23 de abril de 1910.

A AUTORA

Me chamo Ellem Possmozer, tenho 37 anos, sou mãe de dois filhos, Kevin e Kaleb. Formada em Psicologia pela Phoenix University e Mestrado pela SNHU. Tenho atuado como psicoterapeuta individual, familiar e em grupo e me especializado em desenvolver o autoconhecimento para um melhor desenvolvimento pessoal.

Recentemente publiquei um livro digital chamado Saúde Mental à Prova de Crise para atender e contribuir para uma estabilidade emocional durante a crise Covid 19.

Me dediquei em servir a Deus, liderando ministérios de música cristã por mais de oito anos. Trabalhei com liderança, discipulado, e desenvolvimento ministerial no meio evangélico.

Gravei um CD chamado Presença, Poder, Glória em 2015, com músicas autorais. Tenho outras composições gravadas ao vivo disponíveis em plataformas digitais.

No ano de 2010 dei início a um blog e um canal no Youtube que abordam assuntos relacionados ao comportamento, mentalidade, inteligência emocional, entre outros.

Minha missão, através de todas essas ferramentas é promover e despertar a busca por autoconhecimento através da nossa origem e identidade em Deus, e fazer com que você viva em entendimento, à luz da verdade a seu respeito.

 ellempossmozer

 ellempossmozer@live.com

 ellempossmozer.com

LEIA TAMBÉM DA
upbooks

Conhecimento para fortalecer a fé!

**SEJA BEM-VINDO
TEMPO DE ORAR**
Sara Evangelista
170 pág.

**A MULHER CRISTÃ EM
UM MUNDO MODERNO**
Érica Leite
146 pág.

**PRINCESAS
ADORADORAS**
Thais Oliveira
152 pág.

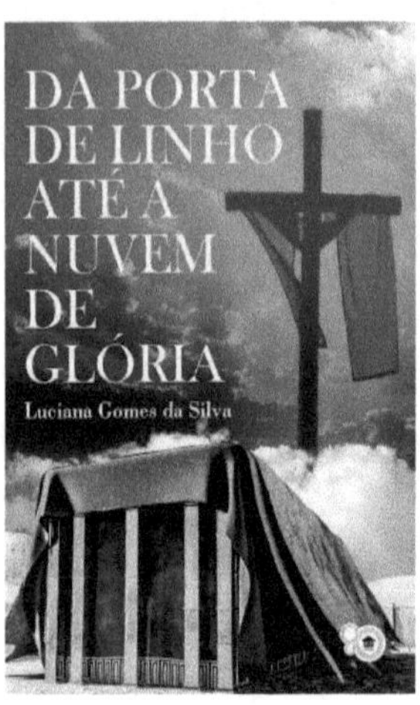

**DA PORTA DE LINHO
ATÉ A NUVEM DE GLÓRIA**
Luciana Gomes da Silva
282 pág.

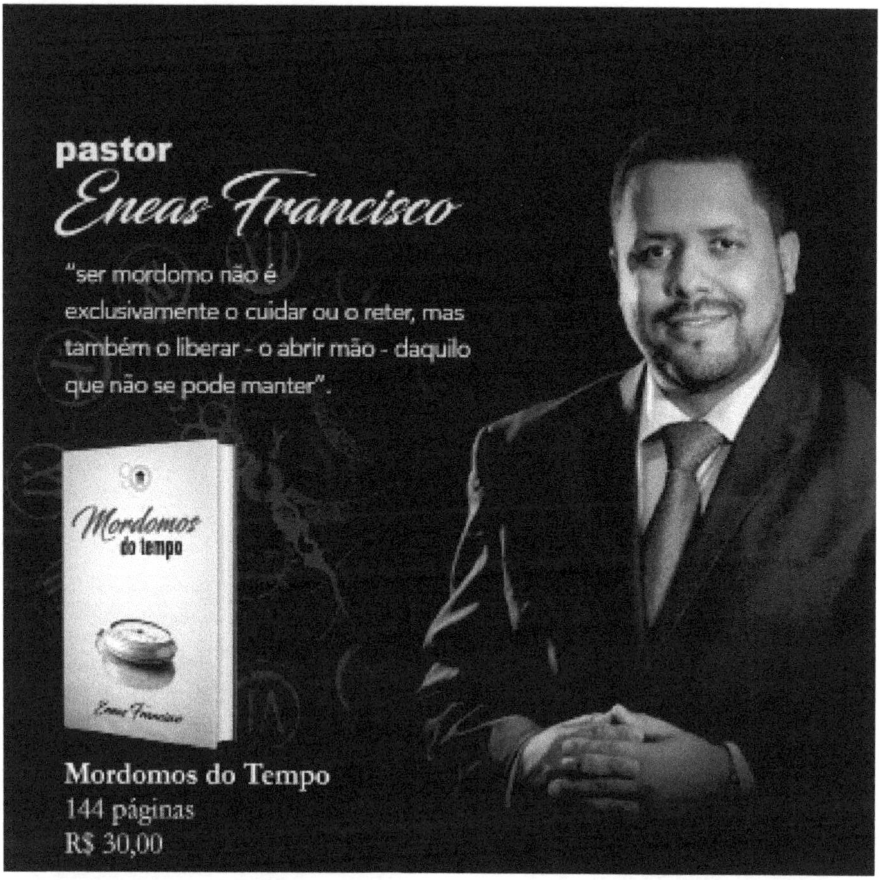

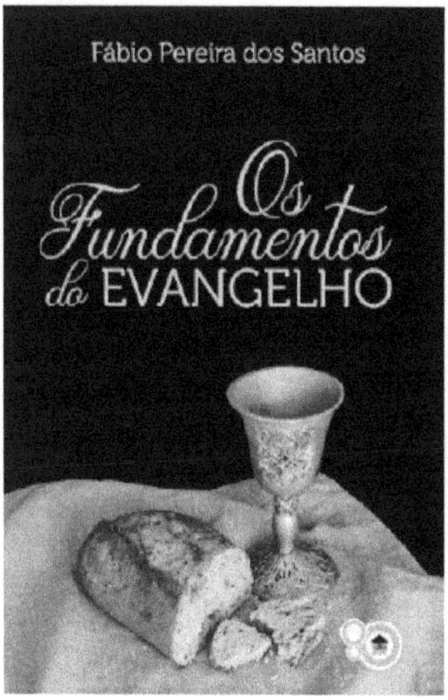

OS FUNDAMENTOS DO EVANGELHO

O autor analisa vários passagens doutrinárias com profundidade e coerência sem tendências teológicas. A obra analisa, desde questões elementares do Evangelho, como a obra de Cristo, até questões mais difíceis sobre a fé como: "Batismo pelos mortos", "pecado para morte", "as mulheres devem estar caladas na igreja?", "Não passará esta geração...". A obra aborda questões filosóficas contrárias à fé.

Autor: Fábio Pereira dos Santos
ISBN: 978-65-5006-001-5
Categoria: Ensino
192 pág. - 14x21cm - R$ 25,00

Lightning Source UK Ltd.
Milton Keynes UK
UKHW010048140223
416945UK00002B/343